【決定版】
2000社の赤字会社を
黒字にした

社長のノート
final

危機を生き抜く
思考法

長谷川和廣

かんき出版

はじめに

　今、ビジネスに携わる人たちに課せられた課題は2つです。

　1つは、コロナ禍をいかに生き残るか。
　そして、もう1つは、コロナ禍の先をどう生き抜くかです。

　事業を続けていくための源泉は「利益」です。たとえ、どのような困難に直面しようと、ビジネスに携わる人は、利益を出し続ける姿勢を崩してはいけません。
　とはいえ、売上減によって利益が縮小し、資金繰りに頭を痛めている企業は増え続けています。
　なかには、同業者に回復の兆しがあり、いつのまにか自分1人が取り残されているような気持ちになっている経営者も少なくないでしょう。そんな状況に陥ると、社長をはじめ、多くの社員が「もう二度と浮上できないかもしれない」という気持ちになりがちです。しかし、そこであきらめるのははやすぎます。
　なぜなら、敗者復活のチャンスは、誰にでも必ず訪れ

るものだからです。

　事実、私は崖っぷちに立たされた企業、経営者、そしてそこで働く社員たちが、見事に復活した事例をこの目で数多く見てきました。

　私はこれまで、ケロッグジャパンやバイエルジャパンなど７社のグローバル企業で代表取締役や経営幹部を務めるかたわら、赤字に陥った企業の建て直しをする"再生仕事人"として過ごしてきました。

　これまでの50数年間で、約2000の赤字会社を黒字化に導いてきました。ニコン・エシロール時代には、50億円もの赤字を１年で黒字化、３年目には無借金経営に導いた経験もあります。

　本書では、苦境に立たされた赤字企業を復活させるための方法、そして情熱や自信を失った経営者や社員の心に火を灯すための方法を、私がこれまで経験してきた、数多くの成功や失敗をもとに解説していきます。

　その源泉になるのが、私がこれまで書き溜めてきた「おやっとノート」です。

　私は、日ごろ疑問に感じたことや耳に残った言葉、「おやっ？」と思った事柄をノートにメモしておき、時

間があるときにこれを整理、分析しています。

　仕事に必要なロジカルシンキングの基本は、起きた現象に対して常に疑問を持ち、その答えを深く突き詰めることです。

　ところが、忙しい毎日を送っていると、疑問や答えを探すことを忘れてしまいます。

　そこで私は、この習慣を50年以上前からはじめ、80歳を超えた今でも続けています。現在、ノートの数は300冊を超えています。

　その内容は、「自身の失敗や成功」「社会の動き」「経営環境の動向」「仕事にまつわる変化」など多岐にわたります。そして、そこから得られた重要な「気づき」をジャンルごとに分類しています。

　それらの「気づき」が蓄積してくると、専門書に目を通したり、何らかの情報を手に入れたり、誰かを相手に話しているとき、まるで全体を俯瞰しているかのように、キーワードや問題点が見えてくるようになります。

　そこからさらに重要事項を絞り込むと、仕事や人生に関すること、社会に役立つこと、世界の動きといった、自分の意思決定の指標を形づくる柱ができてくる。

**　つまり、自分のなかに判断・決断の「原理原則」が確**

立されるのです。

　ノートが増えるにつれ、どんな危機を前にしようとも、絶妙な答えを導き出せるようになりました。

　「経営計画」「マーケティング」「人事」「製品開発」などで間違った判断をしなくなり、決断のブレも客観的に正すことができるようになりました。

　そこに感情が介入する余地はないし、即時対応を間違うこともありません。

　このノートの存在が、経営者の1人として、経営課題に悩んでいる企業のアドバイザーとして、私にあるがままの本質を確信させる支えになってきたのです。

　本書は、そのノートのなかから、今回のコロナ禍のような急激な外部環境の変化によって苦しむ経営者、そしてすべてのビジネスパーソンに役立てていただける部分を抜粋し、わかりやすい解説や事例を加えたものです。

　私たちはこれまで、バブル崩壊やリーマンショック、東日本大震災など、数多くの困難を乗り越えてきました。

　もちろん私自身も、もがきながらこれらの危機を乗り越えてきた者の1人です。

　その経験から言えることは、困難に立ち向かう際に特

別なノウハウは必要ないということ。むしろ、危機に瀕したときほど、基本に立ち戻ることが大切になるのです。

　最近は自己責任の名のもとに、敗者を簡単に切り捨てる社会に変わりつつあります。

　たしかにビジネスの世界は優勝劣敗が当然であり、敗れた者が市場から去っていくのは仕方のないことです。

　しかし、ひたすらトーナメント戦を続けていけば、残るのはたった1人の勝者のみで、その後には敗者の屍が累々と積み上がっていくことになります。それではけっして社会は活性化しません。

　一度負けたとしても、再び立ち直る道筋を示して、何度も競い合える環境を整えてこそ、本当の意味で活力に富んだ社会が形成されていくのではないでしょうか。

　今赤字に陥っている企業やそこで働く人を、価値がないと決めつけてしまうのは間違いです。どんな人も企業も、生きているかぎり復活する権利を持っています。

　苦境に甘んじているのは「復活する方法に気がついていないだけ」。

　その事実に気づくことができれば、誰でも再び輝くことができます。

これまでは自己責任を煽るばかりで、本来セットで語られるべき敗者復活論がないがしろにされてきたように思います。そんな状況を少しでも変える力になればと思って書きはじめたのが本書です。

　本書のテーマは、“コロナ危機からの復活”です。

　なお、本書は経営者や管理職に向けて書かれていますが、ぜひ若いみなさんにも読んでいただきたいと思います。

　経営者と同じ視点を持つことは、仕事で成功するうえで欠かせないことだからです。適宜読み替えて、自分事と捉えていただければと思います。

　これまで携わってきたいくつもの会社での再建の経験が、読者の復活の足掛かりになれば、著者としてこれに勝る喜びはありません。

2020年11月　　長谷川 和廣

第3章
3カ月で黒字化を目指す。
社長は数字の鬼になれ！

第4章
商品と売り方を改革せよ！
企画力とマーケティング力強化のマネジメント

第5章
一枚岩で再建を目指す！
社員のモチベーション操縦術

第6章
「孫子の兵法」を実践する
自社の強みと弱みを見つけるフレームワーク

装幀・本文デザイン◎石間　淳

DTP◎野中　賢（株式会社システムタンク）

第1章
危機を生き抜く
社長の覚悟

コロナ禍で一変した経営環境の先には、あらゆる業界で生き残りをかけた"戦い"が待っています。

その戦いで生き残り、社員とその家族を守ることができるのは、いっさいの甘えを排し、冷徹な判断と熱い魂を持った本物の経営者だけです。

会社を立て直す。そのために自分たちが持たなければならない覚悟とは何か。

本章では、危機を生き抜くための社長の心構えについてお伝えします。

1
社長は赤字を恐れる姿勢を持て！

　言うまでもなく、企業は利益を上げることを目的にしている組織です。当然ですが、利益が上がらなければ、そこで働く社員たちの給料も出ません。

　もちろん大きな設備投資が必要になったときや、新規ビジネスで黒字が出るまでにある程度の時間を要するなど、企業活動での施策によっては、決算が赤字になる場合があります。

　しかし、こうしたときにも、「異常事態だから、すぐに黒字にならなくてもいい」といった意識を経営陣や社員たちが持っている会社は非常に危険です。

　大きな赤字を計上することが、いかにもビッグビジネスであるかのような誤解を持ちはじめるからです。

　そうなると、不思議なもので、事業の黒字転換は一向に見えなくなり、場合によっては、事業の継続までもが危うくなることが多いのです。

　経営のプロならば、「投資の回収や新規ビジネスの黒字転換を順調に進める計画」について頭をめぐらせ、計

画通りに進んでいるかを常にチェックしているはず。

　もし、予定していたように進んでいない場合は、すぐにでも、善後策を導入することが大切です。

　プロは、たとえ必要な赤字であっても、「赤字」という言葉に対して、敏感で、慎重です。なぜなら彼らは、赤字の恐ろしさ、そして赤字は「悪」であることを知っているからです。

　「今月は売上目標に達しなかったが、コロナ禍で他社も不調だし、まあいいか」「新製品の販促は最重要だから、少々予算をオーバーしても仕方がない」というふうに数字のチェックが甘くなってきたら要注意。これは、利益獲得への執着心が弱くなっている証拠です。

　さらに、経営陣が赤字を垂れ流す不採算部門を放置するなど、収益や財務に対する会社の管理能力が落ちてきたら、もう立派な「赤字体質」と言えます。

　さらに悪化すると、利益は上がらず、不採算部門は増え、おまけに社員の士気も下がってくる。あとは「もう破綻するしかない」という状態に陥ります。

　そうならないためにも、経営陣も、社員も、「赤字を恐れる姿勢」を持つことが大切なのです。

2
課題から逃げず
自ら火中の栗を拾え

　グローバル企業からベンチャー企業まで、これまで約2000社の事業再生にかかわってきた経験から言えること。

　それは、「赤字の最大の原因は社長が横着なこと」だということです。

　ここで言う「横着」とは、実力があるのに手抜きをするという意味です。

　たとえば、会社に危機が訪れることがわかっているのに、自社を取り巻く環境を分析、把握しようとしない。課題を突きつけられるのが怖くて、逃げてしまうのです。

　社長がこのような態度では、社員の離反が起こっても仕方ありません。

　もちろんこれは、社長だけでなく、各部門のリーダーにおいても同じ。なぜなら、部門業績の責任は"ミニ社長"ともいうべき部門長にあるからです。

　再生を託された赤字会社に出向くと、そこには見事なまでの共通点があります。

　ほとんどの社員が利益に関心を持っておらず、真剣な

のはほんのひと握りの人たちだけ。しかも社内には不平、不満が渦巻いている……。

　その原因は、トップが役割を果たしていないこと、そして明確な理念や目標がないことです。

　逆に、横着しない経営者とは、課題を見つける努力を惜しまず、見つけた課題を社内で公にします。

　自ら火中の栗を拾う姿勢を持っていると言ってもいいでしょう。

　こういった覚悟を持つ経営者がいる会社は、危機に瀕したときも社員一丸となって課題解決にあたることができます。

　今世紀に入ってから日本企業は、リーマンショック、東日本大震災と、立て続けに難局に直面しています。

　私は何年も前から**「これからは、いかに伸びるかではなく、いかに生き延びるかだ」**と指摘してきました。

　今回のコロナ禍で、そのマインドの必要性はますます高まっています。

　そこで求められるのは〝勝つための競争力〟です。

　改善でもいいし、新規開発でもいいから、競合相手に

勝てる商品、サービスを生み出さなければなりません。

　それには消費者志向に徹し、市場のニーズをつかみとっていく必要があります。その成功体験は社員のモチベーションにもつながるはず。

**　そのためには、社長や各部門長が横着することなく、最後までやり遂げる「情熱」「熱意」「執念」を持つことです。**

　ぜひ覚悟を決めてマネジメントをしてください。

**　もはや「できる、できない」の話ではなく、「やるか、やらないか」が問われているのです。**

3
会社の立て直しは短期決戦！
3カ月で黒字化に目途をつけろ

　赤字企業の立て直しにまず必要なのは、部門業績を立て直すためのシナリオづくりです。

　赤字部門に対して、いかに適切な目標を設定できるか、それを達成する計画を立てられるか、そして、その計画をどう実行していくかということです。

　そのために私が赤字会社で必ず実践しているのが、全社員に「業務チェックリスト」の提出を義務づけること。

　これは1人ひとりが当面の経営課題に向き合う際に、何を、誰が、いつまでに、どう仕上げるかを1カ月単位の行動予定にまとめた工程表です。

　その業務チェックリストをきちんと作成する際のポイントは次の6つです。

①問題発見
②問題に関する情報分析
③最重要問題の抽出

④問題解決のための目標設定

⑤目標達成のための戦略策定

⑥戦略の具体的行動への落とし込み

　リスト作成を通して、1人ひとりの社員がこの6つの視点から仕事を考え、行動する習慣をつけ、自らの能力へ昇華できるようになると、事業再生の計画は驚くほどスムーズに進みます。

　ただし、社長や部門長は絶対に部下に任せきりにしてはいけません。相手に嫌われるぐらい、日々あるいは1週間ごとに、チェックリストの内容と現状との乖離に目を光らせる必要があります。

　なぜなら、6つのうち1つでも欠けた要素があれば計画は実現不可能になってしまうからです。

　さらに、部門業績を立て直す際のポイントは"短期決戦"です。

　2000年、私はニコンとフランスの眼鏡レンズメーカーであるエシロールの合弁企業「ニコン・エシロール」の代表取締役に就任し、50億円の赤字を抱えていた同社を1年目で黒字へ、3年目で無借金経営に転換させました。

　その際、私は「3カ月後に黒字にする」と宣言しました。周囲は冗談だと思ったようですが、これは「3カ月で黒字化の準備態勢を全部整える」という意味でした。

　何年もかけて赤字を解消するよりも、短期間でいっきに改革したほうが、ずっとラクに立て直しができます。
　これは、事実です。
　逆に言えば、3カ月で準備ができない会社は再生などおぼつかないと考えたほうがいいでしょう。

4
永遠に成功するビジネスモデル
などない！と心得よ

　コンサルティングの現場でよく聞く悩みの1つに、

「少し前までは儲かっていたのだが、急に業績が悪化し、その原因がわからない」

というものがあります。

　こうした企業に見受けられるのは、「歴史のあるビジネスモデルが陳腐化していた」というケースです。

　今、どんなに利益を生み出しているビジネスモデルでも、今後ずっと通用するとはかぎりません。時間が経てば消費者のニーズは変化するし、ライバル会社も対応策を出してくる。

　市場の環境が変われば、優れたビジネスモデルも必ず陳腐化するのです。

　ところが、あるビジネスモデルで成功した企業は、その上に胡坐をかいて、疑いの目を向けることができなく

なります。

　その原因は、経営者の油断。これが失敗のもとなのです。

　経営者は、自社のビジネスモデルが陳腐化していないかどうかを絶えず確かめて、必要があれば自ら変化させていく覚悟を持つべきです。

　これができていない会社は、たとえ今業績がよくてもいずれ苦しい状況に陥ることになります。

　企業が継続するためには、絶えず競争力強化の仕組みを見直して、必要に応じ市場での革新企業に生まれ変わることが必要なのです。

5
「術」に頼るな。「道」を極めろ!

　幼いころから古武道を続けてきた私は、思考回路と行動規範に「術」と「道」という考え方が身についています。

　仕事においても、どんなに厳しい場面に立たされようと、その場しのぎの施策や部分最適を求める「○○術」だけに頼らないよう、心がけてきました。

「○○術」と呼ばれるようなノウハウには、たいしたパワーがないことがわかっているからです。

　私は、大勢の前で意見を述べるときも、1人孤独に策を練るときも、ゆるぎない原理原則や事実、経験が刻んだ「道」を深く省みるようにしてきました。

「術」と「道」の違いは、「判断」と「決断」の違いに通じます。 その場の「判断」と、不変の「決断」の違いと言えばいいでしょうか。その違いは、企業再生という厳しい場面でも大きな影響を及ぼします。

　私にも「術」に頼ったことで失敗した苦い経験があります。

　以前、ある外資系企業の清算を頼まれたときのこと。経営状況を分析した結果、私は、将来の存続可能性にかけ、延命させるべきと「判断」し、経営陣と交渉にあたろうと考えていました。

　ところが、その会社のオーナーは、私の言葉に耳を貸そうとしません。有無を言わさず、「すぐにクローズすべし」と言う。「今、赤字が出ているのなら、すぐにクローズすれば、来年の赤字は出ない」と。

　その決断は、目の前の事態だけでなく、その先に待ちかまえている大きな危機を予測し、避けるためのスピードとパワーを私に感じさせました。

　彼らの「道」に基づく「決断」に比べれば、私の「術」に拠った「判断」は、短期的視野に立った小手先の考えでした。

　今、日本の経営者にも、彼らと同じ視点を備えるべきときがきています。

　時代は「術」と「術」のせめぎあいの競争ではなく、「道」と「道」の対峙で臨まねばならない新しい段階に入りつつあるのです。

6
精神論でごまかさず、
勝つための戦略をひねり出せ

　ある企業の採用試験で、次のような問題が出されたそうです。

　「カメとウサギが競走することになりました。法律違反をしなければ、どんな手段を使ってもかまいません。カメはどうすればウサギに勝つことができるでしょうか?」

　あなたは、この質問にどう答えますか。

　最も多いのは、「一生懸命努力し続ける」という答えでしょう。もし私が採点するなら、この答えは50点。半分正解で、半分不正解です。

　「努力し続ける」というのは、生き方の姿勢としては満点だと思います。

　もし、今負けているとしても、これから先の人生で何が起きるかわかりません。あきらめずに努力していれば、いつかきっとチャンスが転がってくるはずです。

　ただ、会社経営に携わる者の答えとしては不十分です。

　イソップ物語「ウサギとカメ」のエピソードでカメが勝利を収めたのは、ウサギが途中で眠ってしまったからでした。しかし、ウサギを眠らせたのはカメではありません。

　ウサギが勝手に油断して眠っただけで、いわば「棚からボタ餅」的な勝利だったのです。

　残念ながら、現実の世界ではそのような幸運が都合よく舞い込んでくることはありません。ハプニングが起きたときのために歩き続けるのは当然だとしても、偶然に頼っているだけでは負ける確率のほうが高いでしょう。**「努力し続ける」という解答は、無策だ、何も考えられないと言っているようなもの。努力を思考停止の言い訳に使ってはいけません。**

　経営者や管理職ならば、"勝つための戦略"を具体的に考えるべきです。それが荒唐無稽な答えであってもかまいません。

　たとえば、「カメの甲羅にジェット機をつける」といった子どもじみた答えであっても、無策でいるよりは勝つ確率が高まります。

**　大切なのは、考え抜いて具体策をひねり出すことなのです。**

　この問題を出した会社がどんな答えに100点をつけたのかは不明ですが、私なら高得点をつけるだろう解答を２つ紹介しておきましょう。

①「途中で川を横断するコースで競争する」

　基本的に哺乳類はどんな動物でも泳げるそうですが、ウサギよりもカメのほうが泳ぐのが上手なのは明白です。

　川幅の広さや横切る川の数によっては、カメの圧勝も考えられます。

②「ウサギのスピードでも、走りきるのに11年かかるコースで競争する」

　ウサギの寿命は８〜10年と言われています。

　ルールの設定の仕方にもよりますが、途中でウサギが死んでしまうことを棄権とみなせばカメの勝ち。

　もし、レース続行でも、カメのなかには100年以上生きる個体もいるので、時間をかければゴールにたどり着くでしょう。

　このように必死で頭をひねって考え抜けば、少しでも勝つ確率の高い方法が浮かんでくるはずです。

　難問にぶち当たったときに、精神論でごまかすのではなく具体的な方法論を考える。
　それが、難局を乗り越えるために、経営者、そしてすべてのビジネスパーソンに求められる姿勢ではないでしょうか。

7
PDCA がうまく回らない
根本原因

　あなたは、「PDCA」と聞いて、どんな印象を持ちますか？

　現在、多くの会社が、アメリカから輸入されたＰＤＣＡという経営手法で会社の仕事の流れを見ています。

　最近では、ビジネスパーソン個人が仕事を円滑に進めるためのスキルとしても注目されています。

　しかし私は、「課題を解決する仕事の流れ」というPDCAの本当の意味を理解している人が、どれくらいいるのか非常に疑問です。

　はっきり言ってしまえば、PDCAをうまく回せているリーダーはとても少ないのです。

　私が多くの会社とのかかわりのなかでいつも思うのは、何か足りないものがあって、PDCAがうまく回っていないという事実です。

　じつは、PDCA を回すためにはその前にやらなければならない作業があります。PDCAが回っていない会社のほとんどは、この部分を手抜きしているのです。

それは、「情報収集」です。

PDCAが回らないのは、情報を集め、それを正しく分析し、真の経営課題は何かということをしっかり見抜いていないことにあります。

よく考えてみれば当たり前のことなのですが、真の問題・課題を見抜いていない状態で、計画（P）を立案しても、うまくいくはずがありません。

「情報に基づいて戦略的に会社を経営していない」「情報に基づいて戦略的な計画がつくれない」から、さまざまな問題、課題をうまく解決できないのです。

私はこれまで約2000社に及ぶ、経営に失敗した会社の再生に参加してきました。

それらの会社の失敗原因を分析した結果は、**「真の経営課題は何か？」**、これがわからないで経営しているということでした。

では、どうすればPDCAをうまく回し、さまざまな経営課題を解決できるようになるのでしょうか。

それは、PDCAをはじめる前に、情報を収集し（I：Information）、分析で課題を明らかにして（A：Analysis）、目標を設定する（O：Object）ことです。

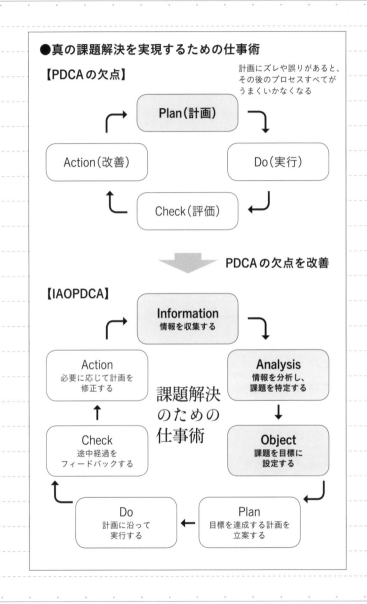

●真の課題解決を実現するための仕事術

【PDCAの欠点】

計画にズレや誤りがあると、その後のプロセスすべてがうまくいかなくなる

Plan（計画）

Action（改善）

Do（実行）

Check（評価）

PDCAの欠点を改善

【IAOPDCA】

Information
情報を収集する

Action
必要に応じて計画を
修正する

Analysis
情報を分析し、
課題を特定する

課題解決
のための
仕事術

Check
途中経過を
フィードバックする

Object
課題を目標に
設定する

Do
計画に沿って
実行する

Plan
目標を達成する計画を
立案する

　そのあと、目標を達成するための計画を立て、実行する一連の流れの仕事術を磨くのです。

　わかりやすいように、前ページに図を示しました。
　この図をうまく回して効果的に会社やプロジェクトを操縦する。この基本手順をしっかりと頭のなかに植えつけてください。

8
再生の現場で学んだ、業績回復の成否を担う5つの条件

　売上を増やしさえすれば儲かる時代はもはや過去になりました。

　これから企業が生き残っていくためには、業績を"正常"に維持することが、絶対条件になります。

　私は、以下の5つの条件を満たすことで、業績の正常化が果たせると考えています。

　競争に勝つための条件といってもいいでしょう。

　それは、

①市場競争に勝つウリモノづくり

②販売技術力の強化

③製造原価の見直し

④戦略を立案しやすい組織づくり

⑤利益管理システムの構築

　の5つです。

　1つずつ、解説していきましょう。

①市場競争に勝つウリモノづくり

製品は時間が経過すると必ず疲れ、競争に敗れ、売上が落ちてきます。製品が衰退のライフサイクルを迎えた際、その事態をいかに乗り越えるかは非常に重要な問題です。

私が経営に参画する企業に必ず出す宿題があります。それは、「7年間継続して"新しいウリモノ"を市場に導入し続ける」こと。

もちろん、簡単に達成できることではありませんが、**会社を存続させるためには、新しく、魅力のある製品を導入し続ける責任があると心得てください。**

②販売技術力の強化

売上なくして会社の存続はありえません。製品の競争力と同じくらい、営業力は大切なリソースです。

そして、営業力を発揮して売上目標を達成するには、担当者1人ひとりが高い販売技術力を身につけなければなりません。

ですから営業担当者は、製品に関する知識はもちろん、それらの流通経路、そして、自社製品をいちばんよく扱ってくれる販売店など、販売に関するあらゆることに注意を払う必要があります。

③製造原価の見直し

価格は、製品の競争力に大きな影響を与えます。

ですから、常に製造原価を下げる努力をし続けなければなりません。**とはいえ「安かろう。悪かろう」は論外。品質を維持したまま原価を下げる。この努力を怠ってはいけません。**

④戦略を立案しやすい組織づくり

会社組織は、社長1人で運営できるものではありません。とくに、さまざまな経営課題の解決には、組織全体のリソースを結集する必要があります。

人・モノ・金をはじめとする経営資源を活用するためには、しっかりと戦略を立て、それを浸透させ、実行する組織をつくることが大切です。

⑤利益管理システムの構築

つい最近まで、日本は、「利益管理システム」がない会社でも、生きていられる環境でした。

しかし、現在はそれが崩壊し、経営環境は日増しに厳しさを増しています。

先が見通せない世界では、経営者や各部門のリーダーが会社の数字をしっかりと把握し、常に目標やコストを

微調整しながら会社を経営していかなければなりません。

　それを実現するためには、税務会計だけでなく、管理会計（マネジリアル・アカウンティング）を強化し、利益を創出するシステムをつくり上げなければなりません。

　これら、5つの条件の詳細は、後ほど解説しますが、ここではまず、**「これからは、これまでなんとかなってきたことが、どうにもならなくなる」**ということを肝に銘じてください。

第2章
長生きする会社と、
しない会社の違い

さまざまな経営課題を乗り越え、長く繁栄する
会社には、いくつもの共通点があります。
同じように、赤字を抱え苦しんでいる会社にも
多くの共通点があります。
本章では、これまで私がかかわってきた数々の
長生き企業、そして赤字企業の共通点を解説し
ていきます。

9
再生できない企業には
ワケがある

　商品やサービスにも、ほとんど差がない。販売戦略を分析しても優劣つけがたい。それなのに、なぜうちの会社だけ業績が回復しないのか……。

　損益の悪化に苦しむ会社の経営者や社員は、常々そんな疑問を抱いていることでしょう。

　たしかに、業績の悪い会社も、表面上は競合他社とそれほど大きく変わらないかもしれません。

　しかし、業績を回復できる会社とできない会社とでは、その中身やトップの考え方、そして社員の行動にも雲泥の差があります。

　中身の違いは、日常業務のやり方や社長、社員の言動など、ちょっとしたところに表れます。気をつけていないと見過ごしてしまうような小さなところに、再生できる会社とできない会社の違いは隠れているのです。

　ここでは、私が実体験のなかから見つけた「再生できない会社の19の症状」を紹介します。

　ぜひ、あなたの会社と照らし合わせてみてください。

＜再生できない会社の症状＞

□社長不在（実際にはいるが、役割を果たしていない）

□企業目標、経営目標が明確でない

□組織が複雑（経営しやすいよう合理化されていない）

□管理職が責任逃れをする（部下に責任を押しつける）

□社員にやる気がない（何をすべきかわかっていない）

□社員が、給料がどこからくるのかわかっていない

□自社の強み弱みを知らない

□戦略的思考ができない（いかに自社を有利に導くか考えられない）

□市場、競合、消費者、顧客をよく知らない（売り方、製品づくりが下手）

□幹部社員が利益を生み出す方法を編み出せない

□販売力がライバル会社より劣っている

□売掛金の回収が下手

□怠惰であっても誰も注意しないし無関心

□就業規則を守らない社員が多い

□セクショナリズムが蔓延している

□無駄遣いが多く、会社全体にコスト意識がない

□顧客の評判が悪い

□その日暮らしの考え方（長期的に物事を考えない）

□変化に鈍感（気づいたら手遅れという場合が多い）

はたして、あなたの会社はいくつ該当したでしょうか。

　このチェックリストから、業績が落ち込んだまま浮上できない会社の姿が見えてきます。

　該当する項目が多ければ多いほど、あなたの会社が業績を回復する可能性は低いと言えます。

　再生できない会社の社長は、総じて業績回復への情熱がありません。

　もちろん業績回復を願わない経営者などいないと思いますが、**「不景気だから売上が伸びないのも仕方がない」「資金力がないので大手には勝てない」**といった言い訳ばかりが先に立ち、自分で局面を打開していこうという意気込みに欠けるのです。

　また、経営者や社員のモラルが低いのも再生できない会社の特徴。**自分や自社だけがよければいいという考え方を持っていると、いくらうまく取り繕っても外に伝わってしまうものです。**

　それでは部下や同僚、取引先、顧客の信頼を得ることはできません。いずれそっぽを向かれてしまうでしょう。

　企画力や営業力が弱いのも致命的です。

いくら、いい製品やサービスがあっても、それを売り込む営業力が弱ければ利益を生まないし、いくら有能な営業担当者がいても、いい製品やサービスがなければ顧客は振り向かない。

つまり、悪循環の繰り返しなのです。

さらに人材の活用が下手で、常に社員の不満がくすぶっているような企業も再生が難しいと言えます。

硬直した人事制度のせいで社員が思うように能力を発揮できないか、たとえ能力を発揮できても、それが評価されない会社では、優秀な人材は次々に見切りをつけて出て行ってしまいます。

当然の話ですが、優秀な人材がいない会社に業績を回復させろというのは無理な話です。

このように、業績が悪い会社には、業績が落ち込むだけの原因が必ず存在します。これらの兆候が見られたら、あなたの会社も要注意だと考えてください。

10
危機を助長する
"悪しき風土"を一掃せよ

　企業風土は、そこで働く人たちのものの考え方や行動様式の積み重ねによって醸成されます。

　そして、企業風土には、組織が一丸となって課題を解決していく"いい風土"と、繰り返し組織を不祥事に陥れる"悪しき風土"とがあります。

　当然ですが、経営者はいい風土を育て、悪しき風土を改革すべきです。

　いい風土は、危機を突破する力の源泉になり、悪しき風土は、危機を助長するからです。

　とはいえ、善し悪しにかかわらず、会社のなかにいると、自社の風土に気づきにくいものです。

　そこで、企業風土悪化の原因になる、悪しき習慣を以下に列記します。これらは、数多くの企業再生の現場での経験から私が導き出した、企業風土の変化を図る指標のようなものです。

　1つでも思い当たる項目があれば、企業風土が悪化している兆候があると考えてください。

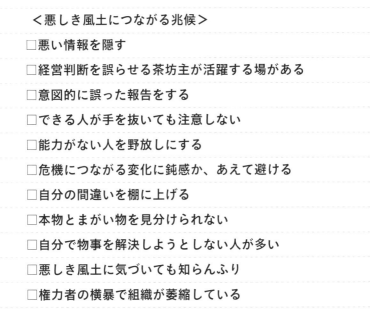

＜悪しき風土につながる兆候＞

□悪い情報を隠す

□経営判断を誤らせる茶坊主が活躍する場がある

□意図的に誤った報告をする

□できる人が手を抜いても注意しない

□能力がない人を野放しにする

□危機につながる変化に鈍感か、あえて避ける

□自分の間違いを棚に上げる

□本物とまがい物を見分けられない

□自分で物事を解決しようとしない人が多い

□悪しき風土に気づいても知らんふり

□権力者の横暴で組織が萎縮している

　本気で悪しき風土を改革しようと思うなら、経営者や現場のリーダーは挑戦する強い意志と、必ず出てくる抵抗勢力を先頭に立って排除する覚悟が必要です。

　もし、その覚悟を持つことができれば、組織の風土が目に見えて変わります。

　現在の経営環境は、悪しき風土を持つ企業が存続できるような、生易しいものではありません。

　自社に悪しき風土が存在すると感じたら、即刻改革する行動を起こさなければなりません。

11
実行計画に落とし込まれていない戦略は紙切れと同じ

　R＆D（研究開発）部門で高収益が期待できる高価格帯の製品を開発したのに、営業部門は少しでも売上を伸ばそうと安売りしてしまう。

　あるいは、コスト削減のために人事が採用を見合わせたのに、生産部門から新たな設備投資の提案が出る。

　業績の悪い企業で、よく見かける悪循環です。

　なぜ、こんなちぐはぐな事態が起こるのでしょうか。

　それは、組織としての戦略がない、もしくは戦略があっても、具体的な実行計画に落とし込まれていないからです。

　いまどきなんの戦略もなく、行き当たりばったりで経営をしている会社などほとんどないはずです。しかし、その戦略が組織に浸透し、具体的な計画となって実行に移されているかどうかとなると話は別。

　戦略がお題目だけになって、実際の事業計画に生かされていない会社は意外に多いのです。

　企業の業績は、戦略的で綿密な計画が立案できている
かどうかで、大きく左右されてしまうといっても過言で
はありません。

　**戦略的な計画立案で最も重要なことは、変化に対応で
きるかどうかです。**
　経営環境が変化すれば当然戦略も変わり、それに応じ
て計画も変えなければいけない。**ところが、業績の悪い
会社はその急激な変化に対応できず、古くなった計画に
固執してしまうのです。**
　変化に対応できない原因は、社長や戦略担当者が社内
外の変化に疎いこと、そして計画を見直す仕組みが社内
にないことが考えられます。

　社長が業界の最新動向に無関心で、数年前に立てた事
業計画をまだ一度も見直していないという会社は、計画
が"計画のための計画"になっている可能性が高いので
す。

　あなたの会社はどうなのか。次のチェックリストで調
べてみましょう。

＜戦略を実行計画に落とし込める会社の特徴＞

□社長が経済や業界の最新動向に詳しい

□社長が頻繁に社内に顔を出す

□定期的に事業計画を見直す会議が開かれる

□計画立案のメソッドを持っている

　チェックが入らない項目が多い場合は、一度「戦略」の定義から見直し、課題を整理したのち、ゼロベースから実行計画を立て直すことが必要です。

12
"戦略"という言葉を多用する
会社ほど考え方が甘い

　前項でお伝えしたように、企業にとって戦略とは非常に重要なものです。

　しかし、"戦略"という言葉がひとり歩きしている会社は危険です。

　なぜなら、"戦略"という言葉には罠があるからです。

**　"戦略"という言葉は非常に抽象的で、ピントがぼやけてしまう危険性をはらんでいます。**

　本来、企業活動において、戦略とは**「自社を有利に導く考え方」**を指します。

**　しかし、戦略という言葉はスマートすぎてリアリティに欠け、現場で働く社員には"雲の上の言葉"のように受け取られてしまいかねないのです。**

　たとえば、次の2つの言葉を比較してみましょう。

「この契約は、営業戦略上欠かせない」
「この契約は、自社が勝つために欠かせない」

わずかなニュアンスの違いですが、後者のほうがより
切迫感が増すのではないでしょうか。

　　「戦略」という言葉はスマートで多用しがちですが、
現場感覚と乖離してしまっては意味がありません。
　　**戦略を具体的な事業計画に落とし込むときには、なる
べく「戦略」という言葉に頼らず、社員へ浸透しやすい
キーワードを選ぶことがポイントです。**

13
長く生き続けるには、数字を読める強い仕事人が必要

　私が企業の立て直しを請け負うときには、決算書や財務諸表と何日もにらみ合って、業績悪化の真の理由を突き止めるための分析を行います。

　赤字がかさむのには必ず原因があります。たとえば、貸借対照表と損益計算書は会社の健康状態を顕著に表す「2つのカルテ」です。

　これらをしっかりと読み解けば、企業が抱える病巣・病根を、確実に発見することができます。

　にもかかわらず、経営者のなかには、そこに記載されている数字に無頓着な人がたくさんいます。その結果、自社の病巣・病根を特定できないまま、さらに赤字が膨らむという悪循環に陥っているケースを、私は数多く見てきました。

　粗利や経常利益にしか目が向かない経営者が多くいることは事実です。

企業が元気で売上が伸び、利益を順調に生み出してい
るときは、それでも会社はうまく回ります。
　**しかし、市場が縮小したり、競争力が弱まったりして
売上がダウンした場合、このような表層的な見方では命
取りになりかねません。**

　たとえば、損益計算書でいえば、いくら売上を伸ばし
ても、売掛金を回収するまでは収入にはなりません。
　ですから、売上債権の額や売掛金の回収期間を考慮し
た改善策をつくらなければ企業体力が回復することはな
いのです。

　また、製造原価を下げるために大量生産をしても、在
庫日数が長く棚卸資産回転が下がると結果的に不良在庫
となって財務を圧迫しかねません。
　**このように収益と財務には密接な関係があり、どちら
か一方が回復しても意味がないのです。**

　詳しくは、第3章で述べますが、企業体質を戦略的に
強化するには、財務の視点を損益計算書に盛り込むこと
が必要になります。
　医者が説明してくれた健康状態を示す数値がいくら理

解できても、患者自身が病状に無関心だったら、治る病気も治りません。

　逆に、全社一丸となって数値が意味するところを知り、その改善に努めれば、3カ月で赤字を解消することが可能になるのです。

14
長生き企業は、けっして
「拡大」を意識しない

　事業を続けていけば、今後も間違いなくコロナ禍のような危機による、経営環境の変化が社内外に起こります。

　企業は、降りかかってくる経営課題を解決し続けなければなりません。

　降りかかる危機を何度も脱し、長く生き続けてきた企業には、その知恵があります。「企業が生き続ける極意」といってもいいでしょう。

　私が過去50年で出合った500社以上の長生き企業には、ある共通点がありました。

**　それは、経営者や社員が、「いかに拡大するか」ではなく、「いかに生き続けるか」と考えていたことです。**

　企業存続の選択肢は次の3つしかありません。

**　それは、「事業を続けるか。やめるか。売るか」です。**

　もし、会社を続けたいのなら市場で勝つ以外、ほかの道はありません。

　そのことを熟知している長生き企業は、短期・中期・

長期にわたって市場での地位を確立し、利益を出し続けることにフォーカスしてビジネスを続けています。

　会社が赤字に陥ったのなら、早急に黒字化をする。後ろ指をさされることさえしなければ、どんな手段を使っても黒字化する。

　とにかく生き続けることだけを考えて仕事をするから長い間存続しているのです。

　好業績でもけっして浮かれず、業績悪化の際は全力で利益をとりにいく。当たり前のことに思えますが、これを続けるには相当な胆力が必要です。

　長生き企業の社長と社員には、こんな「情熱」「熱意」「執念」があります。

　これも、生き続ける会社と、消えていく会社の、決定的な違いと言えるでしょう。

15
平時から危機への準備を！
トヨタに学ぶ備えの大切さ

　長生き企業と聞いて、多くの人が思い浮かべるのは、自動車メーカーのトヨタではないでしょうか。

　トヨタに対して、大きくて安定した企業というイメージを持つ人も多いと思います。しかし、トヨタはけっして平坦な道ばかりを歩んできたわけではありません。

　現在のトヨタの姿は、数々の苦難を乗り越えた結果なのです。

　長いトヨタの歴史のなかで、はじめて非一族の社長になった、石田退三という方がいます。

　石田氏が社長に就任したのは1950年のこと。この時期の日本は、GHQによる財政金融引き締め策による、不況の真っただ中にありました。

　トヨタもこの不況による販売の低迷で、10億円もの借金を抱え瀕死の状態でした。

　その後、朝鮮戦争が勃発。石田氏は、その機会を見事にとらえ、アメリカ軍から軍用トラックの製造を受注し、社長就任からわずか1年で会社を再建させました。

そんな石田氏が、後を引き継いだ豊田英二氏に言い渡した有名な2つの言葉があります。

「自分の城は自分で守れ」
「経営危機がきても4年間は持ちこたえられるよう財務強化を徹底せよ」

その結果、現在のトヨタは、「豊田銀行」と言われるほどの内部留保を抱える会社になり、その後の危機を見事に乗り越えてきました。

トヨタのような巨大企業だからできること、などと軽視しないでください。

大切なのは、経営者や社員1人ひとりが日ごろから危機に対する準備をしているかどうかです。

危機は、いつ訪れるかわかりません。たとえ、コロナ禍が収束したとしても、いつまた同様の危機が襲ってくるか誰にも予測できません。

経営者は、常に危機感を持ち、自社を守り抜く準備をしておく。そして、社員1人ひとりも経営者と同じ感覚で危機感を共有する。

この姿勢が、長く生き続ける企業の礎になるのです。

16
「社会貢献」では生ぬるい。
「社会還元」を実行せよ!

　ご存じの方も多いと思いますが、インドに、140年を超える歴史を持つ「TATA」という会社があります。

　「TATA」の創業は、1868年。現在、さまざまな分野で世界のトップ企業になっています。

　「TATA」は、19世紀の初頭、英国による植民地支配が最も強かった時期に、はやくも製鉄業に着手するほどの基盤をつくり上げていました。

　また、植民地にありがちな宗主国からの悪弊を、徹底的に排除することを心がけ、民族の誇りを堅持する努力の先頭に立っていたのです。

　現在、「TATA」は、約45万人を雇用するインド最大の企業グループに成長し、自他ともに認める、「国民の尊敬する企業」になっています。

　以前、私は「TATA」の本社オフィスを訪問したことがあります。

　そこで出会った、法務部長兼・社長秘書（当時）のシ

ャイレッシュ・ラジャデヤクシャ氏の言葉が今でも印象
に残っています。

　「TATA」は、明確な企業理念に基づいた、厳正な倫理
規範で事業経営を行っており、利益のうちのかなりの部
分を社会に"還元"することを社是にしています。
　そのうえで、「会社は何を目指すのか」「企業目的とし
て、何を最重視するのか」「創業家の考え方」の3点を
常に検証し、確認し続けています。

　長生き企業の事業継続の理由を探っていくと、たんな
る「社会貢献活動」ではなく、「社会還元活動」を継続
して行っている企業が多いことに気がつきます。

　きれいな言葉で見せかけの「社会貢献」をしている企
業をよく見かけます。しかし、規模の大小を問わず、真
に長生きする企業は、世代を超えて「利益を社会に還
元」するという企業文化に基づいて企業活動を行ってい
るのです。

第3章
3ヵ月で黒字化を目指す。社長は数字の鬼になれ！

企業が生き残るためには、どんなときでも利益を出し続ける必要があります。

いかなる理由であっても赤字は悪なのです。

業績悪化の病根は、企業によって違います。それを特定するためには、会社の数字を読み解くことが必要です。

そのためには、社長自らはもちろん、社員1人ひとりが数字に興味を持ち、強くなる必要があります。

本章では、私が企業再生の現場で活用してきた数字に対する考え方を紹介します。

17
赤字の会社には、自然に赤字を生むシステムが根づいている

　企業が赤字に陥る理由は1つではありません。

　経営の力、自社を有利にする計画実行力、競争力のある製品・サービスをつくる力、販売を強力に行う力といった"会社力"を構成するパワーの低下が複雑に作用し合い、業績を悪化させていくことになります。

　そのパターンは会社によって千差万別ですが、どんな赤字企業にも共通して足りないパワーが1つあります。

　それは、利益を生み出し続けて企業体力をつくる力、つまり収益と財務の管理力です。

　たとえば、製品競争力がなく、強力な新製品を市場導入する目途が立っていない会社があるとします。

　このままいけば確実に売上が減り、新製品の市場導入までに赤字に転落してしまうでしょう。しかし、売上が減った分の支出をカットできれば、黒字を維持することは可能です。

　業績悪化のきっかけは競争力の低下ですが、最終的には「収益管理力」のなさが赤字の原因なのです。

　また、売上も順調で表面的には何も問題がないのに、なぜか赤字に陥っている会社があるとしましょう。

　この場合も、赤字の原因は収益と財務の管理力にあることが多いのです。

　帳簿上では売上は順調なはずなのに、売掛金回収のシステムが整備されていないため現金がなく、借入金を増やしてしまう。また現金があるのに借入金の返済に充てずに、新たな設備投資をしてしまう。

　こんな悪循環の繰り返しでは、いくら売上を伸ばしても赤字からの脱却は困難でしょう。

　では、収益と財務の管理力が弱い会社にはどんな特徴があるのでしょうか。

　次のチェックリストで調べてみましょう。

＜収益と財務の管理力が弱い会社の特徴＞

□**不採算部門が手つかずのまま残っている**

□**財務諸表が社員に公開されていない**

□**社員（とくに管理職）に決算書を読む技術がない**

□**親会社が大企業である**

□**給料の心配をしたことがない**

□**経費の上限はあっても、問題なく使える（経費に関する細かな規定がない）**

収益力や財務力が弱い会社は、まず社長自身が数字に弱く、決算に目を背けてしまう傾向があります。

　決算書は経営者にとっての通信簿であり、本当は気になって仕方がないはずですが、自信のない社長は、悪い成績を突きつけられるのが怖いのです。

　通信簿を見なければ、どの教科が苦手なのか自覚できないのと同じで、決算を直視しない社長は、どの部門の収益が低く、会社の足を引っ張っているのかということについての認識が甘い。

　百歩譲って認識があったとしても、現実逃避するかのように何も対策を打たず、時が解決してくれるのをただ待っているだけなのです。

　こういった社長の姿勢は、社員にも伝わって、会社全体の"甘え"につながり、組織を腐らせます。

　たとえば、一社員が使う経費は全体から見れば微々たるものですし、一社員が手抜き仕事をしても売上が大きく落ち込むことはありません。

　しかし、赤字につながる小さな行動を放っておくと、やがてはそれが習慣化し、赤字を生むシステムとして組織全体に根づいてしまいます。

　企業が赤字になるプロセスは、私たちが生活習慣病に
なるプロセスとよく似ています。

　一般的に生活習慣病は、運動不足や偏った食生活から
起こると言われています。もちろん１日体を動かさなか
ったからといって突然動脈硬化にはならないし、一度の
暴飲暴食で糖尿病になることもないでしょう。

　ただ、「これくらいなら大丈夫だ」という小さな油断
が、運動不足や偏った食生活を習慣化させて、やがては
体全体を蝕んでいくことになります。

　**赤字もこれと同じ。「これくらい経費を使っても」「今
月は売上目標を達成できなくても」といった甘えが積み
重なると、徐々に収益力や財務力は低下し、やがて企業
は赤字体質になっていく……。**

　たとえ、あなたの会社が現在黒字だったとしても、安
心してはいけません。もし収益力や財務力低下の兆候が
見られたら、それはいずれ習慣化し、赤字企業へと転落
してしまうことになるでしょう。

18
危機突破のカギは
「微調整経営」にあり

　各業界で、市場の縮小が起こり、企業間の競争が激化するなか、継続して利益を出し続けるためには、「業績管理力」を向上させることが大切です。

　そのために必要なのは、「微調整経営」という考え方。
　これは私の造語ですが、簡単に言うと、先が見えない経営環境のなかで、売上が下がってもしっかりと利益を確保するために、適宜、予算を増減させたり、費用を削ることで埋め合わせをしたりと、常に数字を組み替えながら経営をしていくことです。

　微調整経営を実現するためには、会計手法をいかにうまく活用するかが命題になります。
　日本企業の多くは、いかに合理的に税金を納入するかを目的とした、税務会計を主体にした経営を行っています。
　事実、私が関係した、業績が悪化して赤字に転落した企業では、税金をいかに納めるかばかりを考え、会計を

業績管理の道具として見ていませんでした。つまり、「管理会計」という概念が欠如していたのです。

　言い古された表現ではありますが、先が見えない時代、企業のトップには、「変化への対応力」が求められます。

　焦らず、慌てず、見栄を張らない。そして非常事態に備える気持ちを持つことを常に忘れない。

　そのうえで、細心の注意を払いながら日々変化する数字、たとえば売上と費用のバランス、コストの変化が及ぼす業績への影響などをしっかりと把握する。

　そして、それを細かくコントロールする「微調整経営」を注意深く行うことが、危機を乗り越えるための大きな武器になるのです。

19
社長は「異常値を察知する能力」を身につけろ!

　なぜ私は、約2000社の企業を再生することに成功でき
たのか。その理由は単純です。

　**それは、会社の健康状態を示す「貸借対照表」「損益
計算書」「資金繰り表」を的確に読むことができたから
にほかなりません。**

　そんな簡単なことなのですが、多くの赤字企業の経営
者は、この「３つのカルテ」の数字に無頓着なので、自
社の病根を特定できず、さらに赤字を膨らませてしまう
のです。

　財務諸表に関する詳細な解説は、専門の書籍や資料に
譲りますが、ここで私がお伝えしたいのは、その分析の
姿勢です。

　**多くのリーダーは、短期間の資料しか見ずに分析した
つもりになっています。それではわずかな異常値を発見
することはできません。**

　じつはこれには、理由があります。

　前項で述べた通り、日本のほとんどの企業が、経理・財務について、いくら税金を払うかの税務会計で行っており、業績をつぶさに管理する管理会計を避けているからです。

　そのせいで、多くの経営者が、短期、または年度の決算書を参考に経営を行っているのが現状です。

　しかし、本来の企業経営は、経営活動で起こる変化や異常の傾向（トレンド）を察知しやすい、管理会計からの情報を慎重に見極め、手を打つことで成り立ちます。

　私は、会社の状態を把握するには、最低でも3年、できれば5年分の財務諸表を詳細に分析すべきだと考えています。

　リーダーの基礎力である「変化や異常値を敏感に察知する能力」を磨き上げ、異常値の原因について深く考える姿勢を持つことができれば、水面下に沈んでいる無駄な経費は必ず発見できます。

　これを習慣化することが、危機を脱する力になるのです。

20
貸借対照表の活用で、
資金繰りを好転する

　業績悪化に陥っている企業や部門には、リーダーが気づいていない冗費が必ず転がっています。それらを見つけられるかどうかがコスト削減のカギになります。

　冗費を見抜くために有効なのが、貸借対照表のチェックです。

　貸借対照表から読みとれるのは、資産や負債、資金繰りなど。これらの数字は会社の健康状態を表します。人の体でいえば、血圧や血糖値のようなものです。

　数値の意味を把握できれば、健康管理の意識が上がり、問題点が出ても速やかに対応を図ることができるようになります。

　コスト削減という視点から見ると、貸借対照表のなかで重要になってくる勘定科目は「売掛金」です。

　ぜひ、売掛金の回収サイトを計算し、その数値が適正かどうかを確認してください。

　同時に、回収不能に陥っている売掛金がないか、押し

込み販売の疑いがないかをチェックしましょう。

　売掛金には、正規の売掛金と非正規の売掛金とがあります。正規の売掛金は説明するまでもありません。通常の商取引で発生する売掛金のことです。

　一方、「非正規の売掛金」とは、決算をよく見せるために仕込んだ、正当とは言えない取引から生じた売掛金を指します。

　業績悪化企業では、金融機関から新規融資を止められること、既存の融資を引き揚げられることを恐れ、嘘の売掛金計上が横行しています。

　前項で、私は財務諸表の検証を進める際は、過去5年にさかのぼって行うとお伝えしましたが、その大きな理由は、嘘の取引を見逃さないためなのです。

　具体例を挙げて説明しましょう。

　たとえば、3月決算の卸企業の場合、1月から3月の月別売上を、直近から5年間さかのぼって調べ上げます。

　すると、業績悪化が進行するにつれ期末直前の売上が極端に増えているケースが出てきます。

　商品によっては季節要因を考慮する必要がありますが、

これは、押し込み販売を含めた架空の売上を計上している可能性が高いと言えます。回収の見込みがないので、回収サイトが伸びるのは当然です。

　売掛金を手形で回収している取引相手が業績悪化に陥り、手形のジャンプ（期日延長）を依頼される。

　このケースに直面した業績悪化企業には、ジャンプを依頼された売掛金を回収不能な債権として損失計上する余裕はありません。

回収見込みが立たない売掛金と知りながら、安易に手形のジャンプに応じることで、損失の表面化を先送りにすると、当然回収サイトは著しく伸びてしまいます。

　回収サイト短縮の方法はいくつかあります。

まず、嘘の売上計上をしないことです。その場しのぎの不正に手を出した報いは、資金繰りの悪化という形で必ず表面化します。

正規の売掛金の回収については、可能なかぎりジャンプ要請に応じないことも絶対条件です。これが回収サイトの適正化につながります。

　従来の取引先との関係で、回収サイトを適正な日数に戻す交渉は困難を極めるかもしれません。しかし、担当

者任せにしてはいけません。自ら取引先に出向いて交渉を成功させなければ、黒字化は望めません。

　私が再生に携わったニコン・エシロールの場合、社長就任時の調査で、売掛金の回収サイトは175日でした。売上計上から回収までの期間が約6カ月という異常な日数を要していたのです。

　私はこの数値を、社長を辞任するまでに35日に短縮しました。そして、早期に回収できた資金を金融機関への返済に充てました。

　その結果、大きな赤字を抱えていた同社は、あっという間に無借金経営に変貌したのです。

　会社が危機を脱するためには、資金繰りの問題を避けて通ることはできません。

　ぜひ、売掛金の状態について目を向けてみてください。

21
上手にコストを削る2つの方法①
「総量規制」

　ビジネスにおいて、黒字化へ向けたコスト削減の視点は次の3つです。

・人件費
・製造コスト（仕入れコスト）
・上記以外の営業費・一般管理費

　間違えないでいただきたいのは、けっしてこの順序で削減すべきだと言っているのではないということです。

　コスト削減は、最も即効性のある黒字化の手段なので、容赦してはなりません。

　ただし、最初から従業員をクビにし、賃金削減に手をつけるのは言語道断。

　また、企業や部門の屋台骨となる黒字事業を強化するために必要なコストも削減してはいけません。

　私の経験上、削るべきコストはほかにいくらでもあります。

　利益を落とさずにコストを削る。これは企業の収益力を高める際の鉄則です。

　では、具体的にどんな方法でコスト削減をすればいいのでしょうか。

　そのための2つの方法を紹介しましょう。

　ここでは、1つめの「総量規制」について説明します。

　もし1カ月の食費を節約しなければいけないとき、「今日は牛丼、明日は昼飯を抜いて、明後日は……」と決められたら、あなたはどう思うでしょうか。

　おそらく多くの人はストレスを感じ、途中で挫折してしまうでしょう。

　食費を削るには、最初に1カ月の予算を決めて、その枠内でやりくりしながら自分でメニューを選んだほうがうまくいくはずです。

　各項目の量（額）は問わないが、最初に定めた総量（総額）を上回ってはいけない。このやり方を「総量規制」といいます。

　企業のコスト削減でいえば、「具体的な方法は現場にまかせるけれど、その業務内で○％減らしなさい」ということになります。

総量規制のメリットは、現場の意思やアイデアが尊重される点です。

　たとえば、「この経費は利益と直結しているので削らない」「ランニングコストを削るために新しく設備投資しよう」といったことも、現場の判断で工夫することができます。

　そのため、現場のモチベーションも下がりにくいし、現場でないとわからない絶妙なアイデアが出ることもあります。下手に経営陣が介入するより、効率的なコスト削減ができるでしょう。

　　なお、コスト削減の数値目標は、少なくても10％以上に設定すべきです。

　　なぜなら、５％程度のコストダウンは、仕入先に泣いてもらうことで比較的容易に達成できるからです。

　しかし、それでは「誰かが我慢している」という状態にすぎず、従来の支出の仕組みはそのまま踏襲されてしまいます。

　誰にも我慢させずにコストダウンするには、構造改革を行い、お金を使う仕組みを根本から変えてしまわねばなりません。そのために従来のやり方の延長線上では達

成できない数値目標を設定するのです。

　また、これはこれまでの経験から言えることですが、目標を10％未満に設定してしまうと、「小幅のコストダウンならいつでもできる」という意識が生まれ、かえって達成が難しくなります。
　むしろ10％以上の厳しい数値目標を設定したときのほうが、現場社員は本気になってコスト削減に取り組むため、目標達成に至るケースも多かったのは事実です。

　とはいえ、達成が絶望的な数値目標を設定してしまうと、かえって社員のモチベーションが下がります。
　どこに目標を設定するかで、経営者の手腕が問われると言えるでしょう。

22
上手にコストを削る2つの方法②
「ゼロベース予算管理」

　年度末になると、あちらこちらで急に増えはじめる道路工事。その原因が、来年度の予算を確保するため今年度の予算を使い切るというお役所体質にあることはよく知られています。

　来年度の予算確保のために、意味なく道路を掘り返し、無駄遣いが延々と続いていく……。これでは、国や地方自治体が財政難に陥るのも当然です。

　これと同じことが企業にも言えます。

　一般的に、企業の予算は前年の実績をベースにして決められます。そのため、前年に多く予算を使った部門やプロジェクトには、次の年も同様の予算を割り当てることが多い。

　しかし、これでは前年に意味のない無駄遣いがあったとしても、チェックされることなくそのまま次の年に持ち越されてしまうことになります。

　それを避けるために考え出されたのが、**「ゼロベース予算管理」**です。

　これは、のちにアメリカ大統領となったジミー・カーター氏がジョージア州知事時代に導入した予算管理法で、**前年の予算をいったん白紙に戻し、ゼロベースから予算を各部門、各プロジェクトに割り当てていくというもの。**

　この方法なら、前年に無駄遣いがあったとしても、もう一度必要な経費を精査してゼロから積み上げていくので、無駄遣いが繰り返される心配がありません。

　経費を使う側から見ても、来期の予算確保のために無理して予算を使い切ってしまおうという甘い発想は生まれにくく、意図的な無駄遣いも減っていくでしょう。

　また、必要なものにはきちんと予算をつけるので、売上に悪影響が出るということも考えにくいため、無駄な部分だけが削ぎ落とされ、結果的に収益力がアップするのです。

　以前再建に成功したニコン・エシロールでは、「総量規制」「ゼロベース予算管理」の2つを導入した結果、製造部門で20％、営業・一般管理部門で30％のコスト削減を達成することができました。

　会社がさまざまなコスト削減策を打ち出したものの、成果がなかなか上がらない。そんなときは、管理職の立場として、ぜひこの2つの方法を提案してみてください。

23
資金繰りに困った取引先は
こう見分けろ！

　今回の新型コロナウイルスがもたらす不況で、各企業が抱える最大の課題は、売上と利益が減少することによる資金繰りの悪化です。

　その結果、具体的に倒産の危機が顕在化したという会社は今後増え続けるはずです。

　そんな時代に求められるのは、取引先の財務状況を把握することです。取引先の倒産で、売掛金を回収できなくなれば、自社に重大な損失をもたらします。

　当然ですが、倒産とは、簡単にいえばお金がなくなって融資もしてもらえない状態のことです。商品が売れなくても、お金があれば倒産にはなりません。

　取引先の倒産の可能性を見極めるには、取引先のお金の流れを把握することが何よりも重要なのです。

　一般的には、支払いにおける手形の比率が増えはじめると倒産が近いと言われています。

　手形が増えるのは、現金がなくて支払いを少しでも遅らせるため。

　その意味では、手形の支払いサイト（支払いまでの期間）が60日から90日、90日から120日、120日から150日と延びたり、ジャンプ（手形を更改し、支払い期日を延長すること）を依頼された場合も要注意です。

　ただし、逆のパターンもあるので注意が必要です。

　手形取引で6ヵ月以内に2度の不渡りを出せば、銀行取引停止処分になります。銀行取引停止になれば、当座預金取引および貸出取引が2年間できなくなってしまいます。これは、事実上の倒産です。

　これを回避するために、支払いを手形から現金に変える企業もあります。現金ならば支払い期日の延長は交渉しだいで、万が一拒否されても不渡りにならないからです。

　どちらにしろ、支払いの方法が急に変わったときは資金繰りに苦慮していると判断して差し支えないでしょう。

24
営業担当者は、リスクを
察知するアンテナを立てろ！

　取引先の資金繰り悪化のサインは、支払いサイトなど
経理関係以外のところにも現れます。

　**資金繰りが悪化すると、「仲間取引」が増えるのも特
徴の１つです。**

　「仲間取引」とは、卸売業者同士の取引のことで、普
段は商品の品揃えなどを業者間で調整するために行われ
ます。通常の取引より買ってもらいやすいため、資金繰
りに困っている会社は仲間取引に精を出すわけです。

　その結果、仲間取引の割合が増えていきます。

　ただ、いくら普段から仲間取引をしている相手でも、
危ない会社とは取引したくないもの。危ない会社の噂は
業界内ほど早く広まるので、急激に仲間取引が減ってい
る会社も倒産が近い可能性があります。

　**また、取引先のオフィスに、経営者や経理担当者がい
るかどうかをチェックすることも大切です。**

　普段は社内にいる社長や経理担当者の姿をあまり見か

けなくなったら、金策であちこちを飛び回っている可能
性が高いと考えられます。

　さりげなく社長の所在を聞き、従業員が口を濁し、本
当に何も知らない様子であれば、さらにその可能性は高
いと言えるでしょう。

　**逆に、普段見かけない人物を目にするようになったと
きも要注意。**危ないところから借金している会社や、社
長が個人的に借金して資金調達している会社には、債権
回収業者や整理屋、紹介屋などが出入りすることがあり
ます。

　ひと昔前なら取り立て屋はひと目でわかったものです
が、最近は普通の会社員と見分けがつかないといいます。
これも従業員に探りを入れて、素性を確かめたほうがい
いかもしれません。

　**あまり売れていない自社製品を注文してくれる会社も
危ないと言えます。**

　売れていないということは、製品に魅力がないという
ことです。それにもかかわらず注文してくるのは、他社
から取引してもらえず仕入れに困っている可能性が高い
のです。

これまで付き合いのなかった会社から大量発注の取引を持ちかけられたら、計画倒産や取り込み詐欺の危険もあります。

　取り込み詐欺とは、商品だけ先に受け取って、買掛金を踏み倒す詐欺のこと。最近は手口が巧妙で、小口の取引からはじめて信用を得、大口取引で踏み倒すパターンが増えています。とくに新規の取引先の場合は、信用調査を念入りに行うことが大切です。

倒産企業の見極めにおいて最終的に頼りになるのは自分の判断であり、その判断を下すためには普段から取引先の様子に気を配ることが重要です。

　倒産した企業を後から振り返ると、ほとんどの営業担当者は思い当たる節があるはず。それを事前に察知できるかどうかは、普段の観察力にかかっています。

　倒産企業の兆候を知るためには、取引を電話やメールですませるのではなく、ときには取引先に出向いたほうがいいし、そこで従業員と積極的にコミュニケーションをとって情報収集に努めることも必要です。

　売上を伸ばすことだけが営業担当者のスキルではありません。普段からアンテナを張り、リスクを察知する能力も重要なのです。

25
赤字体質を断ち切る
"戦略経営会計"とは？

　財務諸表のなかでも、財務力を示す貸借対照表と、収益力を示す損益計算書は重要です。

　貸借対照表からわかるのは自己資本比率や総資本利益率、当座比率。損益計算書でわかるのは売上高総利益率、営業利益率、経常利益率など。

　これらの数字を見れば、会社の健康状態は即座にわかります。

　ですから、赤字体質改善の第一歩は、社員にこれらの数字を浸透させて、危機感を持ってもらうことです。

　ただ、会社の健康状態はわかっても、それが実際の業務とどう結びついているのか、財務諸表を見ただけではわからない社員は多いかもしれません。

　また、財務諸表を示して「改善しろ」と言っても、誰がどうやって改善するのかを同時に示さなければ社員は戸惑うばかりです。

　その際に必要なのは**「戦略経営会計」**という考え方。

　これは従来の損益計算書に、経営活動についての戦略

や、財務のなかでとくに重要な項目を書き加えたものです。戦略経営会計を読めば、企業体力を強化するための戦略がひと目でわかるようになっています。

　次ページの戦略経営会計モデルの例を見てください。

　最上部には、市場規模と自社のシェア、市場での売上、市場在庫などの予測を書き込みます。ここは通常の損益計算書にない部分ですが、これらの数字は自社のマーケティング戦略を示すうえで重要です。

　中段には、通常の損益計算書と同じ項目、同じ数字を書き込みます。**ただ通常と違うのは、その項目の責任者を必ず明記するという点。**

　たとえば、純売上は営業責任者、製品原価は製造責任者、粗利益は事業責任者といった具合に、各項目の数字を誰が責任を持って管理するのかを損益計算書に書き込んでいくのです。

　これまでの損益計算書には、「責任」という視点が欠けていました。そのため社員は「自分がやらなくても誰かが……」という気持ちになりがち。

　さらに、これは私も経験したことですが、各項目の数字が悪化すると、社員同士が責任をなすりつけ合い、不毛な争いが起きることもありました。

●戦略経営会計モデル（例）

	項目	数値	責任体制
事業活動	市場規模		事業責任者
	市場占有率		
	市場での売上		
	市場在庫		
PL（損益計算書）	総売上		営業責任者
	値引き		
	リベート		
	純売上		
	製造原価		製造責任者
	粗利益		事業責任者
	粗利益率		戦略責任者
	広告・販売促進費		
	販売経費		営業責任者
	一般管理費		費用責任者
	営業利益		事業責任者
	金利		財務責任者
	営業外収益		
	経常利益		事業責任者
BS（貸借対照表）	売掛金回収日数		全社が参加するBSマネジメント責任者
	在庫日数		
	資本回転数		
	ROI		

こうしたマイナス要因を取り除くためにも、各項目の責任者は明確にしておくべきなのです。

　最下部には、企業体力のもう1つのカルテである貸借対照表のなかで、とくに収益とかかわりの深い項目を列記します。

　私がニコン・エシロールの再生に携わった際は、ここに売掛金回収日数や在庫日数、資本回転数、ＲＯＩ（投資収益率）を記載しました。

　これらの項目を列記することで、財務を意識しながら収益力の強化策を検討できるようになります。

　たとえば、いくら売上を伸ばしても、売掛金を回収するまでは真の売上とは言えません。そのため売上債権の額や売掛金の回収期間を考慮しない改善策を打ち出しても、企業体力を効果的に回復させることはできません。

　また、製造原価を下げるため大量に製品を生産したとしましょう。しかし、在庫日数が長く棚卸資産回転率が下がると、結果的に不良在庫となって財務を圧迫しかねません。

　このように、収益と財務は密接な関係にありますが、どちらかが回復しても、もう一方が悪化したのでは意味がないのです。

　戦略的に企業体力を強化するためには、財務の視点を

損益計算書に盛り込むことも重要なのです。

　収益と財務と経営戦略。この3つが有機的に関連づけられていることが、戦略経営会計の最大の特徴であり、メリットでもあります。

　あとは各責任者のもと戦略経営会計に基づいてそれぞれ事業計画を立てればいいだけなので、社員がやるべきことも自ずと見えてくるはずです。

　今解説したのは、ニコン・エシロールの戦略経営会計モデルです。ほかに戦略経営会計を導入して成功した例としては、御手洗冨士夫社長率いるキヤノンが有名でしょう。御手洗社長は、在庫の評価しだいで業績が変わる損益計算書を一新し、キャッシュフローに注目して経営を立て直しました。

　最後に戦略経営会計の効果を高める方法を1つ。**当然ですが、戦略経営会計は月次決算ごとに作成しましょう。**

　各項目の数値管理が徹底できるし、経営環境の変化に応じた経営戦略を、その都度、収益力強化策に反映させることもできます。

　すぐに効果は出ないかもしれませんが、こうした積み重ねが企業の赤字体質を改善していくのは間違いありません。

第4章
商品と売り方を改革せよ！
企画力とマーケティング力
強化のマネジメント

商品をつくって売る。

これがビジネスの本質です。

厳しい経営環境を立て直すためには、この本質を追求することがカギになります。

すなわち、企画力とマーケティング力の強化です。

企業にとって、コロナ禍がもたらした最大の課題は、顧客が消え、売上が下がり、企業を維持する利益が消えてしまったことです。

本章では、下がった売上を取り戻し、利益を獲得するための企画力、そしてマーケティング手法についてお伝えします。

26
企画の成否は「ひらめき」ではなく「企画力強化のマネジメント」が握っている

　まともな企画だと判断してゴーサインを出したのに、結果的にそれが会社の利益に貢献しなかったという経験は誰しもあるでしょう。

　厳しい経営環境のなかでは、こういったことを放置しておくわけにはいきません。

　「いいウリモノ」がなければ競争に勝つことはできないからです。

　企画担当者、またはチームは、現状に則した企画を生み出すことが不可欠です。

　企画立案は、「ひらめき」「思いつき」でできるような安易な仕事ではありません。

　しっかりとしたロジックや会計知識などさまざまな要素が必要になります。

　アイデア豊富で一見クリエイティブに見える人がいい企画を生み出すとはかぎらないのです。

　逆に言えば、どんな人でも、これからお伝えする「企

画立案の要諦」を理解しさえすれば、結果の出る企画を
立案することができるようになります。

　社長や企画部門の長は、こうした事実を社員に理解さ
せ、企画力の向上を動機づけることが必要です。
　そして、このような「企画力強化のマネジメント」を
通じて、結果の出る企画を創出する強力なチームづくり
を推進していくことも、危機に立ち向かうための重要な
仕事の1つなのです。

27
企画立案時に欠かせない
7つのプロセスとは?

　「企画」と聞くと、「アイデアの質が成否を分ける」と考える人が多いでしょう。

　しかし、企画立案で最も大切なのは、「経営活動をしていくらの利益を上げるか」という視点。

　じつは、企業における企画管理は、経営を管理することとさほど変わらないのです。

　ここでは、私がこれまで大切にしてきた、企画立案の際の7つのポイントを紹介します。

　経営者やリーダーが、部下に企画を立てさせるときは、次の7つのポイントを押さえさせてください。

①背景・経緯

②現状の課題

③課題改善の可能性

④目標

⑤目標達成のための行動計画

⑥経済性

⑦他に与える影響

　この7つは、改革を立案するときのプロセス順に並んでいます。

　まず情報収集して現状を把握（①）。
　そこから課題と改善可能性を洗い出して（②・③）、数ある改善可能性のなかから目標を絞り（④）、それを実現するための計画を立てる（⑤）。
　さらに、会社にどんな利益をもたらし（⑥）、どんなリスクをはらんでいるかを検証する（⑦）。

　企画立案というと、このうちの⑤の行動計画だけを考えようとする人が多いですが、①〜⑦のプロセスを踏んでいない企画は、ただの思いつきにすぎません。

　たとえば、ヒットの可能性を秘めた商品企画があっても、自社がすでにその類似品で圧倒的なシェアを占めているなら、新しい商品を投入する意味はありません。
　にもかかわらず、そんな企画を上司に提案するのは、①と②の現状分析の洗い出しプロセスが抜けているから。

　あるいは、ヒット確実な企画でも、多大な投資が必要で、豊富な資金力がある企業しかできないものもありま

す。**自社が中小企業なのにそういった企画が部下から上がってくるのは、⑥の経済性の検証ができていないからでしょう。**

　では、部下にどうやってこの企画立案プロセスを徹底させればいいのでしょうか。

　最も簡単なのは、次ページに示したような7つの手順に応じたフォーマットに沿って、企画をつくらせることです。

　最初から①〜⑦を書き込ませるようなフォーマットをつくっておけば、手順のどこかが抜け落ちることがありません。

　商品企画にしろ、営業企画にしろ、ここで挙げた7つの手順がそろってこそ、はじめて価値を持ちます。

　このことを直属の部下だけでなく、組織全体に徹底させることで、会社の企画力は驚くほど上がります。

●企画立案フォーマット(例)

企画タイトル:

部　　門:

背景・経緯	現状の課題	目標
	課題改善の可能性	

目標達成のための行動計画

経済性

他に与える影響

28
会計視点のない企画書は
"絵に描いた餅"

　企業のトップ、または現場のリーダーは、部下から上がってきた企画を、どのように判断すべきか。

　これも企画を管理するうえで大切なポイントでしょう。

　判断基準はさまざまですが、**私がとくに重要視していたのは提案者の「質」です。**

　企画開発の手順を自分の血肉になるまで昇華している部下なら、ほぼゴーサインを出します。

　また、詳細を突っ込んで質問したときに、即座に答えられる部下の企画も、承認を出しやすい。逆に、「次までに調べてきます」と答える部下は、企画に対して情熱が足りないと判断しています。

　「情熱」というと精神論に聞こえますが、そうではありません。**これは私の経験則ですが、情熱が足りない部下が持ってくる企画は、たいてい生煮えで、どこかに落とし穴があるからです。**

　もちろん人だけでなく、企画の中身も重要です。

　それを判断するためには、先ほど紹介した①〜⑦の企画立案の手順をリーダー自身で使いこなせるレベルまで

身につけておかなくてはいけません。

　もちろん、企画を精査するには、自身が優秀な企画者であることが前提条件になります。

　なかでもリーダーが重視すべきは、⑥経済性の検証です。私は、外資系と日系企業の両方で企画立案を担当してきましたが、日系企業では、企画の着眼点がよく、かつ、前例があれば、案外簡単に承認が下りるケースが非常に多いと感じていました。

　逆に、私が在籍していた外資系企業では、企画ごとにＰＬ（損益計算書）の計画が必要であり、私の上司は、発想の新しさよりも、経済性の部分を何度もチェックしていました。**企画を提案する側も、それを承認する側も、論点になるのはいつも「いつまでにいくら利益が出るのか」ということでした。**

　事業を継続するための源泉は利益です。

　前述しましたが、企画を管理していくことは、経営そのものを管理していくのとあまり変わりません。

　企画となるとアイデアの質を問う人が多いのですが、「企業としていくら利益が出るのか」という視点が最も大切なのです。

29
企画に必要なトレンドの9割は
社内の情報から読みとれる

　企画立案や承認をするとき、使い方しだいで大きな味方になるのが「情報」です。

　自社に蓄積された販売実績や顧客情報が、企画の発想のもとになったり、企画の経済性を裏づける重要なデータになります。

　実際、企画を支える情報の9割は、会社のデータファイルに眠っていると考えても差し支えありません。

　ただ、1つ気をつけるべきなのは、これらの情報やデータは、あくまでも過去の積み重ねであるということ。

　過去のデータを分析すれば、そこからトレンドを読みとり、大まかな将来像を予測することは可能です。

　しかし、市場は生き物であり、過去のトレンドと微妙にずれ、予想できない変化が起こる場合があります。

　それを正確に予想することは誰にもできません。

　そこで役に立つのが、残りの1割の情報。**端的に言えば、スポットの調査です。**

　たとえば、新製品のコンセプトについて、今の消費者はどう考えているのか、今どの価格帯なら購買意欲が湧くのか……。

　そういった具体的な項目について「今の情報」を企画に反映させてこそ、企画の成功率が高まっていく。

　もちろん多くの企業が、市場調査を行っているはずです。しかし、最初の企画立案段階で一度行ったきり、自社の顧客のみへの調査で終わってしまっているところも少なくありません。

　できれば、企画の進行に合わせて何度かスポット調査を行い、方向性を調整し、その都度企画に反映させるのが理想です。

　自社に蓄積されたデータで大まかな戦略を決めて、最新のスポット調査で微調整を行う。

　これが企画の仕事を管理していく情報活用の基本姿勢です。

30
マーケティングは企業の
生きる力をつかさどる機能

　組織力を上げるうえでとくに大切なのは、生きるための競争力を維持・強化する体制です。

　簡単に言えば、組織に顧客志向の哲学が徹底していて、「競争力のあるウリモノづくり」の文化が根づいているということです。ここまで、お伝えしてきた企画力強化のマネジメントも要素の1つです。

　そして、もう1つの大切な要素が「マーケティング」。

　経営学者ピーター・ドラッカー博士は、マーケティングについて次のように述べています。

「マーケティングのみが企業の生きる力をつかさどる機能であり、企業のその他の機能はマーケティングを支える機能でしかない」

　マーケティングと聞くと、専門知識を持つ一部の社員やチームが担当する仕事であると誤解している人も多いものです。

　　しかし、マーケティングには、次のような課題を解決する力があります。

・売上の下降線を改善したい

・不採算事業から撤退したい

・製品競争力を強化したい

・収益力を改善したい

・価格競争力を強化したい

・財務力を強化したい

・市場地位を高めたい

・流通を再編したい

・技術力を強化したい

・事業発展の速度を速めたい

・他業種に進出したい

　　こうやって見れば、マーケティングが一部の人だけの仕事ではないことがわかるはずです。詳しくは後述しますが、マーケティングとは、組織全体が一丸となって取り組むべき仕事なのです。

　　ドラッカー博士は、こうも言っています。

「経営者に期待するのは創造力と合理的思想に支えられた、絶えざる現状改革的意志である」

　とくに、急激に変化する消費者心理と真剣に向き合うためには、マーケティングの原点である「誰よりも消費者が求めているニーズを知る」ことが求められます。

**　売れないのは客が買わないからなのか、売れる商品をつくっていないからなのか……。**

　こう自問し続け、ひるまず挑めば、生き残りの道は開けるのです。

31
ビジネスパーソンの9割は
「マーケティング」の真の意味を
知らない

　私が講演者として参加するビジネスパーソンの集まり
で、必ずする質問があります。

　それは、「みなさんにとってマーケティングの定義と
はなんですか？」という問いです。

　50年間同じ問いを続けてきましたが、その答えは「消
費者がほしい製品を提供すること」「広告を活用し製品
を知ってもらうこと」「いかに製品を顧客に届けるかを
考えること」といったように千差万別です。

　以前、私の会社に、アメリカでMBAを取得して帰っ
てきた人が7人いました。彼らにも同じ質問をしたので
すが、残念ながら正しい答えを言えた人は1人もいませ
んでした（コトラー教授のうんちくを述べた人はいまし
たが……）。

　**厳しい言い方になりますが、多くのビジネスパーソン
は、「マーケティングが大切」と言いながら、真の意味
を理解せず、安易な使い方をしているのです。**

　マーケティングという経営手法が、アメリカから日本

に入ってきたのは、約80年前です。歴史ある経営手法に
もかかわらず、マーケティングの定義はまったく根づい
ていません。

　では、マーケティングとはいったいなんなのか？

　ひと言でいえば、次の通りです。

・企業が生き続けるための競争力理論

・勝つための競争力をつくり出す経営手法

　ここで少し、マーケティングの歴史を振り返ってみま
しょう。

　マーケティング理論が生まれたきっかけは、1929年に
起こった世界大恐慌です。当時のアメリカでは、今回の
コロナ禍と同様、経済が大混乱していました。とくに、
需要の縮小によって、企業の業績悪化・倒産が起こって
いました。

　そんななか、当時のアメリカ企業は、厳しい時代を、
どのように生き延びていけばいいか迷っていました。そ
こで生まれたのが「マーケティング」という考え方。

**　マーケティングは、企業が生きるため、競合の「ウリ
モノ（製品）」に、自社の「ウリモノ」が勝てる競争力
をつくり出すために生まれた、と言ってもいいでしょう。**

　この考え方が日本に入ってきたのは、戦後すぐのこと。第二次世界大戦で負け、焦土と化した状況で、日本生産性本部が、「日本がもう一度立ち直るためにはどうしたらいいか」と、アメリカの経営手法を探るために研究チームを派遣しました。その派遣チームが持ち帰ったのが、「マーケティング」という経営手法なのです。

　この事実からわかるように、マーケティングは、「危機を脱するための方法」とも考えることができます。

　ウィズコロナ時代を生き抜くためには、今一度、マーケティングの真の意味をよく理解して、それを活用することを学んでください。

　競争力をつくり出し、利益を出し続けることが、経営者や現場のリーダーが頭のなかに持たなければならない真の理論武装なのです。

　次に、各組織の定義を挙げますので、覚えておいてください。

＜アメリカ・マーケティング協会（ＡＭＡ）の定義＞

　マーケティングとは、顧客、依頼人、パートナー、社会全体に対して価値を持つ提供物を、創造・伝達・配達・交換するための活動であり、一連の制度であり、そして、プロセスである。

＜日本マーケティング協会（ＪＭＡ）の定義＞

　企業および、他の組織がグローバルな視野に立ち、顧客との相互理解を得ながら、公正な競争を通じて行う市場創造のための総合的な活動

　これらの定義を私なりに咀嚼すると、以下になります。

①マーケティングは、企業が競争に勝ち、生き続けるために生まれた技術・手法
②競合他社と比較して、消費者や顧客に満足される、優位な差別化をすること。
③そのために、企業の総力を挙げて、誰よりも市場を知る企業活動を行い、競争に勝利する技術

　繰り返しになりますが、マーケティングの意味を間違って解釈している人はたくさんいます。この機会にもう一度正しい考え方をしっかりと頭に刻み込んでください。

32
マーケティング力強化の第一歩は組織づくりから

　では、マーケティング力をつけるためには何を意識すればいいのでしょう。

　シンプルに言えば、次の2点を満たすことです。

・お客様の問題点を誰よりも知っている会社になること
・誰よりお客様がほしい製品をつくり上げること

　企業が、この2つの条件を満たす力をつけることが「競争のマーケティング力」です。

　そして企業が、マーケティング活動をすることによって、市場のなかで確固たる地位（市場占有率・シェア）を築くことで、短期・中期・長期にわたって利益を最適化していけるということが、「マーケティング・マネジメント」のコンセプトです。

　これらを実現するためには、適切なマーケティング活動を実行するための「戦略マーケティング組織」が必要です。

こう聞くと、マーケティング部門を改革すればいいように聞こえますが、そうではありません。

　社内、各組織の総力を発揮できるような組織改革を行う必要があります。

　とくにマーケティング部のような専門の部署がない企業は、成果と責任の所在があいまいになりがちです。

　そこで、既存の組織とは別に、製品群やブランドごとに分割したビジネスユニット（BU）をつくり、各BUに責任者を配置します。

　各責任者は、最高経営責任者（CEO）の承認のもと、自身が担当する製品群やブランドについて、市場シェアと利益を最適化するマネジメントを社内の各セクションの力を借りながら行います。

　わかりやすく言えば、マーケティング、営業、生産・物流、R＆D、品質管理、財務・経理、総務、人事など社内各組織を有機的に統合し、「自社を有利にする競争力」をつくり出すのです。

　各BUの責任者は子会社の社長のような存在です。ですから、会社全体を巻き込んでプロジェクトを推進する能力が必要になります。

●マーケティングを実行するための基本組織図

マーケティング	営業	生産・物流	R&D	品質管理	管理部門（総務・経理・人事等）
BU 1 責任者					
BU 2 責任者					経営の健全化 利益責任
BU 3 責任者 ⋮					

責任者が各部署をマネジメントしマーケティングを成功に導く

　上図は、私の考える、マーケティングを成功させるための基本組織図です。ぜひ、参考にしてください。

33
付加価値による小手先の優位性ではなく、製品の本質を追求せよ

ラーメンがブームになって久しいですが、人気店のなかには、駅から何十分も歩くような立地の悪さでも行列ができる店があるというから驚きです。

とはいえ、ラーメンならばなんでも売れるかと言えば、そうではありません。

一度は行列ができるほど人気が出た店でも、味が落ちればインターネットを通じてすぐに悪い評判が広まり、閑古鳥が鳴きはじめます。そういう意味で、ラーメン業界は、最も過酷な業界の1つだと言えるかもしれません。

昨今の消費者がラーメンに求めているのは、立地でもブランドでもなく、味そのものです。

このように、消費者が「家から近い」「有名店だ」といった付加価値に目を向けなくなり、「味こそすべて」という「本物志向」になっていることには大きな意味があります。

数年前までは、どんな業界からも「付加価値の時代だ」という声が聞こえてきました。

そのため、本来の機能のほかに、目先を変えた機能や

サービスをつけたり、デザインを追求するなど、各企業は本質とは関係ないところで製品やサービスの差別化を図ってきました。

しかし、現在は消費者の本物志向が強まり、製品やサービスが持つ本来の機能の優劣が勝敗を分けるようになりました。もはや付加価値という小手先の優位性では通用しなくなったのです。

厳しい現実ですが、今は他社と比較して絶対的に優位な競争力を持つ製品やサービスをつくる力が企業の明暗を左右しているのです。

では、競争力のある製品やサービスとは、どのようなものなのでしょうか。その特徴は3つあります。

1つめは、社会的意義があり、消費者の生活の問題点を解決できることです。

逆に、競争力のない製品やサービスは、総じてつくり手の発想や開発者の自己満足から生まれます。

たとえば、「これまでに培った技術で、Aという商品をつくりたい」というように、製品やサービスを提供する企業側の視点から出発しているものが多いのです。

この流れで製品開発を行うと、消費者のニーズに合うかどうかは、実際に市場に出してみないとわからない、

ということになってしまいます。理にかなうようでいて、実質的には賭けに近い製品開発プロセスなのです。

2つめは、リピート率の高さです。

リピーターが多いということは、顧客満足度が高いことと同義です。顧客満足度が高ければ、当然口コミで商品の魅力が広まり、顧客の拡大につながります。

物珍しいだけの製品やサービスでは、こうした効果は期待できません。

3つめは、「オリジナリティ」です。

これも競争力を高める重要な要素です。技術的に他社が真似できなかったり、コンセプトが画期的で業界初となるような製品やサービスは、その市場における「デファクト・スタンダード（事実上の標準）」を確立することができます。

とくに、付加価値で消費者が動かない時代においては、デファクト・スタンダードとなった製品やサービスが圧倒的に強いと言えます。

ここまで紹介してきた競争力は、製品の機能についてのものですが、市場で勝つという意味では価格競争力も

忘れてはなりません。

　高価格戦略でブランド力を維持する商品を除けば、同じ機能の製品なら安いほうが売れるのは自明の理。価格競争力をつける方法についてはこれまでの内容をぜひ参考にしていただければと思います。

　はたして、あなたの会社の製品やサービスは他社に負けない競争力を備えているでしょうか。

　次のチェックリストで該当する項目が少なかった会社は、Ｒ＆Ｄ（研究開発）部門を中心に、組織を上げて競争力の強化に努めることが急務です。

＜競争力のある製品やサービス・チェックリスト＞

□自社の製品やサービスで、恩恵を受ける人が大勢いる

□顧客の生活上の問題点を解決できる商品である

□他社ユーザーに比べ、リピート率が高い

□商品開発に使った技術を特許申請している

□自社の製品やサービスに「業界初」の要素がある

□他社に比べて、市場価格が安い

第5章
一枚岩で再建を目指す！
社員のモチベーション操縦術

身動きのとれない赤字会社の再建を図るとき、第一に着手しなくてはいけないのは"人の再生"です。

人は誰でもビジネスパーソンとして成功する素養を持っています。ところが赤字の会社に勤めていると、仕事への情熱を失って手抜きをしたり、能力そのものが錆ついてしまいます。

情熱がなければ、いくらいい製品をつくり、徹底的にコストカットしたところで、企業は立ち直れません。

情熱や自信を失った社員が再び心に火を灯し、本来の力を発揮しなければ、企業の再建はありえないのです。

34
すべての社員に生きる道を示し、自ら考えさせろ！

　人を動かすための重要なポイントは、組織に適切な目標を設定し、それを達成するためのシナリオを描けるかどうかです。

　たとえ、赤字の企業であっても、経営者が明確で具体的な目標を掲げ、ロードマップを示し、社員のやる気を引き出す組織を構築すれば、必ず業績の黒字化が訪れます。

　そのための基本となるのが、日々の情報収集です。

　情報といっても難しく考える必要はありません。

　経営について大切な情報の90％以上は、経営者のまわりに存在するからです。

　一般的に経営者は、月初や月末、週の頭の会議で役員から計画の進行状況や問題の報告を受けることが多いですが、私がこれまでかかわってきた優秀な経営者は、積極的に社内を動きまわり、役員だけでなく、本部長、課長、係長、一般社員などあらゆる階層の人から、毎日の業務の成果はどうだったか情報を収集していました。

　もちろん、情報は集めるだけでなく分析しなければ意味がありません。**といっても難しいことをする必要はなく、「1つひとつの情報が何を意味しているか」という"疑問"を持つだけでかまいません。**

　それを習慣にしていると、異変や変化など、いわゆる「異常値」を敏感に察知できるようになります。

　経営トップが日々関心を持って経営をしていれば、自然と異常値を感知できるようになります。

　こうした異常値を見逃してしまうから、業績が下がったり、赤字に陥ったりするわけです。

　もう1つ大事なことは、得た情報をもとに、すべての社員に対して、おのおのの業務で数字を出す目的は何かを伝え、**「社員自身に考えさせる」**こと。

　経営のトップは、そのためにあらゆる階層の人と個別に報告や相談ができる機会を意図的に増やすことが大切です。

　また、経営が苦しいなかで社員のモチベーションを維持するためには、「私たちは何を実現するために働いているのか？」「それを実現すると、どんな未来が待っているのか？」という「夢」を社員に示してあげる必要が

あります。

　たとえば、「5年以内に上場する」「シェア日本一を目指す」といった具体的な数値目標でもいいし、「社員1人ひとりが経営者たれ」といった企業哲学・経営理念でもかまいません。

　このようなフレーズを事あるごとに発信している社長がいる会社の"経営の力"は強いといえます。

　これは、部下を持つ管理職の方々に知っておいてほしいことなのですが、リーダーシップは、ただ強い口調で命令すれば生まれるものではありません。

　情熱を持って夢や目標を語り、そこに向かって社員が自発的に行動できるレベルにまで深く「夢」を浸透させること。

　それが、長く生き続けるための「真の意味でのリーダーシップ」なのです。

35
"ヘリコプター視点"を持った社員を1人でも多く育てろ

　出世の階段を駆け上がれる人と、一生懸命やっているのに出世の見込みのない人。

　その違いは、"ヘリコプター視点"を持っているかどうかだと思います。

　現場で働いているときに全体像を確認する必要があったら、ヘリコプターのようにいっきに高度を上げて視野を広げる。全体を管理しているときに現場が気になったら、垂直に下りてきて最短距離で現場に近づく。

　このように、必要に応じて仕事全体を俯瞰したり、現場にコミットしたりということが自由自在にできる人のことを、私は"ヘリコプター視点を持った人材"と呼んでいます。

　たとえば、企画責任者として、あるプロジェクトを管理していたとしましょう。

　普段は高い位置から全体の進行を管理していますが、どこかでトラブルが発生して進行が止まったら、すぐに

現場に入って状況を把握しなければなりません。

　状況を確認したところ、ほかの現場の進行にも影響がありそうだと推測したら、再び全体像を眺めて各現場に的確な指示を出すことも必要になります。

　ところが、ヘリコプター視点を持っていない人は、視点の切り替えにモタモタしてしまい、適切で迅速な判断を下すことができません。

　現場に焦点を合わせなければならないときに、ぼんやりと全体を見てしまう、逆に、全体像を見なければならないときに視野が狭くなり、的外れな指示ばかり出してしまうのです。

　いつ起こるかわからない危機に備えるには、"ヘリコプター視点を持った人材"を1人でも多く育成する必要があります。

　そのためには、若いころから仕事や組織の全体像を絶えず意識して働いてもらうことが大切です。

　目の前の仕事に集中するのは簡単ですが、自分に直接かかわりのない仕事を含め全体像をつかむためには、ちょっとした訓練が必要になります。

　たとえば、営業担当者なら、販売量の変化が生産ライ

ンや在庫管理にどのような影響を及ぼすのか。受注のタイミングによって経理処理がどう変わるのか。

　事務職なら、書類の処理が半日遅れると、どの部署の誰の仕事に支障が出るのか。

　今自分が取り組んでいる仕事は、他部署の仕事とどう影響し合っているのか。全体の流れのなかで、自分に課されている役割はなんなのか。

　こういったことを意識しながら仕事をしてもらうことで、その社員がマネジメントする立場に立ったとき、瞬時に視点を切り替えることができるようになります。

　真面目な人ほど目の前の仕事に一生懸命になって、まわりに目がいかなくなる傾向があります。

　仕事に全力で取り組むのは大切なことですが、それだけでは足りません。

　日ごろから視野を広げる訓練をさせることで、社員の成長を促す。これも社長や各部門のリーダーがやるべき危機管理なのです。

36
再建の第一歩は社員が"誇り"を取り戻すこと

　再建が必要な会社には、ひと目でわかる共通点があります。それは、その会社の廊下を歩くだけでわかります。

　業績がいい会社の社員は、廊下の真ん中を堂々と歩いているのに対し、業績の悪い会社の社員は、端っこをうつむきながら歩いているのです。

　また、再生会社に行って社員の出社の状況を見ていると、総じて出勤状態が悪い。決まって朝が遅く、なかには始業時間ギリギリにくる人たちもいます。急いで走ってくればまだいいのですが、まったく慌てる様子がなくテレテレ歩いてくる。要するに危機感がないのです。

　得てして会社がおかしくなりはじめるのは、会社に余裕があるときです。危機感を忘れ、それぞれが我欲を出しはじめる。

　そうなると、社員が会社の悪口ばかりを言うようになります。私は、再建に入ると、まずその会社の経営幹部会議に出席しますが、1日中悪口の言い合い、といったこともありました。製品から、上役から、会社の制度から、お客様に至るまですべてです。

　その原因は、会社への自信と誇りを失っていることにあります。当たり前の話ですが、会社の業績が悪くなると、社員は自信を失います。

　ですから、私が落下傘で降りてまずすることは、誇りを取り戻すための社員の意識改革です。人はプライドを感じられないことに対しては、精魂を込めて打ち込もうとはしないからです。

　とはいえ、難しいことをするわけではありません。

　全社員に一堂に集まってもらい、**「もう一度、世間から一目置かれる会社をつくろう」「みなさんのお子さんたちが"うちのお父さん、お母さんはあそこで働いているんだ"と胸を張れる会社にしよう」と訴えるだけです。**

　たったこれだけのことでも社員の目の色は変わります。

　その後、社員の個別面談を行います。最初はみな、よそ者の私に対して、本心を言いませんが、最後の5分、3分くらいになると感情を見せるようになってきます。

　それに気づいたら、「あなたは、この会社が今のような状況になった問題がわかっているのだから、一緒に解決しよう」とか、「そこまで会社が好きなら、一緒に会社を再建していこう」と言って心を合わせていく。

　このようなコミュニケーションを繰り返すことで徐々に会社に対する誇りを取り戻してもらうのです。

37
社長の「知的腕力」が部下を
目覚めさせる

　会社の仕事には、自ら進んでやる仕事と、会社として強引にでもやらせなければならない仕事の二通りがあります。

　後者の場合、上に立つ人間は、部下が泣こうがわめこうが、絶対にやってもらわなければなりません。

　そのときに必要なのが社長や上司の「知的腕力」。

　人は感情の動物だと言われますが、理にかなっていないことは、いくら説得しても絶対にやりません。

　ですから、上司には「まあ、そうしなきゃいけないのだろう」と部下を納得させるための「知的腕力」が必要になるのです。

　そのためには、社長や管理職自身が仕事の目的とプロセスをしっかりと理解し、部下から何を言われても説得できるくらいの理論武装をしておくことが必要です。

　そうやって無理にでも動かしていくうちに、だんだんと自分から動いてくれる社員が出てくるようになります。

　事業を立て直しながら、会社を動かす人を育てることで、会社の再建は成功するのです。

38
社員を鼓舞する魔法の言葉

　社長や各部署のリーダーのもとには、社員からさまざまな相談や提案が持ち込まれてきます。

　そんなとき、私は社員に向けて、毎回こんなことを問いかけます。

「その提案を実行すれば、我が社は勝てるか？」

　この問いかけを、それこそ耳にタコができるほど繰り返すことで、しだいに社員の提案の仕方が変わってきます。

　「この提案を実行すれば、事業のこの部分が改善されるので、我が社は勝てるようになります」という言い回しを使うようになるのです。

　社員1人ひとりが「自社の勝ち」を言葉にして意識することによって、1人ひとりが組織全体の利益の拡大を目的として働く企業文化が育っていきます。

　そうした仕掛けづくりも、リーダーの仕事であることを肝に銘じていただきたいと思います。

39
「経営理念」と「経営目標」を適切に使い分けろ!

　私がこれまで再生を引き受けてきた会社は、かなり問題があるか、まさにつぶれる寸前か、すでに銀行管理に入ったか、というところばかりでした。要するに、どの会社も危機に瀕していたということです。

　危機に瀕した会社の社長が考えなければいけないのは、「経営理念」と「経営目標」の使い分けです。

　言うまでもありませんが、「経営理念」とは、会社の事業、経営思想の根底にある経営者の基本的な考え方、思い入れ、経営哲学のことです。

　そして、経営目標とは、短期・中期・長期にわたり事業に起こる、そのときどきの課題を解決するために設ける「目標」のことで、理念をもとに立てられます。

　多くの会社は、「世のため人のため」というニュアンスを含む経営理念を掲げ、それを達成するための経営数字やビジネスモデル構築などを経営目標としています。

　私が、赤字会社の再生をする際は、かぎられた期間内に必達の経営目標をしっかりと示したうえで、**「目の前の危機が解消されるまで、経営理念のことは気にする**

な」と、社員に求めます。少なくとも1年くらいは考えることすらさせません。

明日をも知れぬ大赤字の会社、業績の悪化した会社が、「世のため人のため」とやっていたのでは、危機を脱することができないからです。

そのような状況にある会社にとって最も重要なことは、いかにして事業を継続していくかです。

まずは生き続けることに全力を注ぐ。**「絶対につぶさない」「必ず存続させる」という経営目標、その一点に絞って、ひたすら会社の体力の回復、つまり生き残りの力をつけることに、あらゆるリソースを集中するのです。**

会社がなくなってしまえば、いくらいいことをやろうとしてもできないからです。

そうやって体内からウミを出しきり、回復しはじめるのを待って、その先に見据えるべき理念をあらためて示します。

社長にとって、非常時ほど経営理念と経営目標の違いを肝に銘じて会社を操縦することが重要です。

必ず浮き沈みが起こる経営環境においては、理想だけでは飯を食えないときがあります。

理念と目標の違いをしっかりと理解し、それを使い分けられることも、社長に必須のスキルと言えるのです。

40
新しい働き方成功のカギは「マネジメント力」にかかっている

　　新型コロナウイルスの感染拡大は、経営環境だけでなく、社員の働き方を大きく変えつつあります。

　　我々は、過去に何度も難局を乗り越えてきましたし、景気が循環することを経験しています。そして、危機は必ず収束し、新しい機会が訪れることも知っています。

　　ビジネスパーソンは今、黙って日々を過ごしていてはいけません。危機が収束した後には、必ず新しい時代がやってきます。

　　従来のやり方を捨て、新しいやり方、新しい喜び、新しい豊かさに挑戦する気概が求められているのです。

　　オフィスワークの常識も、コロナ禍によって激変しました。テレワークによって、従来の出勤、執務、帰宅というビジネスパーソンの行動形態が様変わりしたことは、みなさん身に染みて実感していることでしょう。

　　これをきっかけに、今後、人々の働き方は抜本的に見直されるはずです。

　　実際、先見性のある多くの企業が、新しい在宅勤務体

制の固定化の準備に入っています。

　その際に大事なことは、「働きがいのある会社」をどのようにつくり上げ、生き続けるかということです。

　そのためには、経営者のみならず、各部門のリーダー、つまり中間管理職のマネジメント能力が問われます。

　では、どんなことに気をつけながらマネジメントをしていけばいいのでしょうか。私は次の5つのポイントを押さえることが大切だと考えています。

①明確な表現

　従来なら、会議中に曖昧な表現をしても、後から確認することができましたが、テレワークではそのようなちょっとしたコミュニケーションがとりづらい。ですから、意見や発言は、結論から伝えるとともに、白黒はっきりさせた物言いを心がける必要があります。

②メンバー1人ひとりの役割を明確にする

　テレワーク下では、同じ仕事を複数の人がやっていたということが起こりがちです。また、どの仕事から手をつければいいのかで迷うというシチュエーションも多くなるでしょう。そのような無駄を防ぐために、各メンバーの役割分担を明確にすることが大切です。

③仕事が特定の人に偏らないよう注意を払う

　仕事のできる社員に大きな負担がかかり、その他のメンバーの負担が減る、ということがあってはいけません。

　管理職は、各社員の労働時間や仕事内容を的確に把握し、もし偏っていたら見直すという作業をこれまで以上にしっかりと行う必要があります。

④仕事の目標をはっきり設定する

　これからの時代は、オフィスの雰囲気を察してやるべきことを見つける、ということができなくなります。リーダーは、短期、中期の目標を明確に設定し、各社員に浸透させる必要があります。目標に至るまでの段取りを描いて、行う仕事に優先順位をつけることも大切です。

⑤よりわかりやすい評価基準を設定する

　新しい働き方が定着すると、仕事の成果はもちろん、「新しいことに取り組んでいるな」「進んで業務改善を行っているな」といった各社員の仕事の取り組み方も見えづらくなります。

　そういった状況で社員のモチベーションを維持、向上させるためには、従来の評価基準を見直し、各社員の役割に応じた明確な基準を再設定することが求められます。

　これら、5つのポイントからもわかるように、テレワーク下では、対面でのコミュニケーションが極端に減るため、すべてのことを"明確"にする必要があります。

　とくに、日本の企業では、「察し合う」文化が定着していることが多いので、経営者、中間管理職は、その点に留意してマネジメントを行う必要があるのです。

　新しい働き方を制約と捉え、従来の働き方に固執するか、チャンスと捉え、改革を進めるか。

　時代の変化に対応できるのが、どちらの姿勢であるかは明白でしょう。

第6章
「孫子の兵法」を実践する
自社の強みと弱みを見つける
フレームワーク

『孫子』を知らない経営者はいないでしょう。約2500年前に書かれたこの兵法書は、現在でも多くの人々に読み継がれています。

本書で何度もお伝えしていますが、企業にとってコロナ禍とは、生き残りをかけた戦いです。そんな今だからこそ、『孫子』の考え方を今一度振り返るべきなのではないかと私は考えています。

本章では、『孫子』のなかの有名な2つの言葉を実践するための仕組みを紹介していきます。

41
「孫子の兵法」は、新しい時代の最強の武器だ

「孫子の兵法」で知られる中国・春秋時代の兵法書『孫子』にこんな言葉が書かれています。

「彼れを知り己れを知れば百戦殆うからず」

これは「敵軍と自軍の戦力を正確に把握すれば、戦いに勝ち続けることができる」という意味で、あらゆる戦略の基本として広く知られている格言です。

ここまでは、ご存じの方が大半だと思いますが、じつはこの後に続く言葉があるのをご存じでしょうか。

「彼れを知らずして己れを知れば、一勝一負す。彼れを知らず己れを知らざれば、戦う毎に必ず殆うし」

わかりやすく言うと、**「敵情を知らないで自分の力だけ知っていて戦えば一勝一敗、五分五分である。敵情も知らず自分のことも知らずに戦えば、戦うごとに必ず負けてしまう」**という意味です。

　この言葉は、業績不振に陥っている企業の特徴を如実に示しています。

　経済情勢の変化や市場動向に疎く、自社の経営資源についても正確に把握できていないようでは的確な経営戦略が立てられず、業績は下がる一方です。

　また、自社の経営資源を把握していても、外部環境に対する認識が甘くて的外れな経営戦略を打ち出してしまうと、せっかくの経営資源を無駄に投資してしまう可能性もあります。

　経営戦略がたまたま時代に合致すれば業績は回復するかもしれませんが、今回のコロナ禍のように、経営環境が急激に変化すれば業績は再び悪化してしまいます。

　企業間競争で勝ち続けるためには、まず外部環境（経済状況・市場動向）と内部環境（自社の経営資源）を詳細に分析し、それを経営戦略に活用しなければなりません。

　それが『孫子』の時代から変わらない"勝ち続けるための戦略"の大原則なのです。

42
4つの視点から自社を取り巻く環境を的確に把握する「SWOT分析」とは?

　では、「孫子の兵法」を実際のビジネスで実践するにはどうすればいいのでしょうか。

　その手段として有効なのが、「SWOT（スウォット）分析」という環境分析ツールです。

　長い歴史があり、ビジネススクールなどでも教えられているため、ご存じの方も多いことと思います。

　ただ、手垢のついた古い考え方などと侮ってはいけません。このフレームワークは、危機に瀕したときこそ、大きな武器になるのです。

　SWOTとは、次の4つの環境要因を意味しています。

①Strength（強み）：自社の強い部分

②Weakness（弱み）：自社の弱い部分

③Opportunity（機会）：自社に好影響を与える要因

④Threat（脅威）：自社に不利に働く要因

　このうちS（強み）と、W（弱み）は「内部環境」、

O（機会）とT（脅威）は「外部環境」に関する要因です。

SWOT分析では、これら4つの視点から自社の置かれた環境を分析します。

具体的な分析方法を紹介する前に、まずは「内部環境」と「外部環境」について解説しておきましょう。

・内部環境（S＝強み、W＝弱み）

内部環境とは、自社の経営資源のことを指します。

よく経営資源として挙げられるのは、「人、モノ、金」の3つです。優秀な経営者や人材、優位性のある製品や設備、資金。これらの経営資源が豊富な会社は、内部環境に恵まれていると言えます。

これに加えて、企業の持つ「情報・ノウハウ」も重要な経営資源と言えるでしょう。

社員個人がバラバラに持っている情報やノウハウを組織として蓄積・管理することで、積極的に活用する「ナレッジ・マネジメント」は、多くの企業が取り入れています。

「人、モノ、金、情報・ノウハウ」、これら有形無形の

経営資源は、会社の持つ力そのものです。

　ＳＷＯＴ分析で内部環境を分析することは、自社の実力を分析することにほかなりません。つまり自社の強い部分が「Ｓ（強み）」、弱体化している部分が「Ｗ（弱み）」と言えるのです。

・外部環境（Ｏ＝機会、Ｔ＝脅威）

　外部環境とは、経営にかかわる要因のなかで、自社でコントロールできないものすべてということになります。

　そのうち自社に好影響を与える要因が「Ｏ（機会)」、自社に不利に働く要因が「Ｔ（脅威)」です。

　外部環境をざっと挙げるだけでも、景気、為替市場、株式市場、法改正、消費者の動向、ライバル社の動向、国際情勢……、などいくつもの要因が考えられます。もちろん、今回のコロナ禍もその１つです。

　それらに加えて、属する業界特有の要因もあるでしょう。

　たとえば、食品や外食業界なら農産物・水産物相場の影響を受けるし、観光業界なら台風や豪雨、冷夏、暖冬などの気象の変化、さらに暦の並びによる連休の多い少ないにも影響されます。

　また、その会社特有の要因も考えなければいけません。自己資本の少ない会社なら銀行やベンチャーキャピタルの意向に左右されてしまうし、子会社なら親会社やグループ会社の業績の影響も受けるわけです。

　これらは会社特有の要因なので内部環境として考えてしまいがちですが、「コントロール不可能」という意味では外部環境として扱ったほうがいいでしょう。

　「ＳＷＯＴ分析」では、これらさまざまな外部環境と自社を照らし合わせて、勝つための戦略策定に活用していくことになります。

　では、さっそく具体的な分析方法について解説していきましょう。

43
自社の強みと弱みを把握しろ

　それでは、SWOT分析の具体的なやり方を解説して
いきましょう。

　まず次ページのワークシートに、自社の内部環境のな
かで、強み（S：Strength）と言える部分と、弱み
（W：Weakness）になってしまう部分をそれぞれ書き
出していきます。

　**その際、なるべく細かく具体的に書くことを心がけて
ください。**

　たとえば、「営業力が強い」という強みも、詳しく見
ていくと「全国に営業所がある」「営業担当者の質が高
い」といった要素に分解できるかもしれません。

　また、総合的に営業力が強くても、なかには「直販ル
ートがない」「営業担当者が少ない」という弱みがある
かもしれません。

　このようにきめ細かく書き出せば、後から戦略に落と
し込むときに、より具体的かつ実践的な戦略を策定でき
るようになります。

●**自社の強みと弱みを書き出す**

●**強み (S : Strength)**

> (例)
> **営業力が強い**
> ・全国に営業所がある
> ・営業担当者の質が高い

●**弱み (W : Weakness)**

> (例)
> ・直販ルートがない
> ・営業担当者が少ない

内部環境を記入し終えたら、次は外部環境を書き入れていきます。

　外部環境は、自社に機会（O：Opportunity）をもたらすものと、自社に脅威（T：Threat）を与えるものを書き入れます。

　内部環境のときと同様に、できるだけ細かく具体的に書いてください。

　なお、外部環境は将来の予測も含めて記入します。

　たとえば、「市場の拡大」が期待されているというプラスの面なら「機会」の欄に、「外資系企業が進出してくる」ことが予想されるのであれば「脅威」の欄にそれぞれ書き込みます。

　なかには好影響なのか悪影響なのか、現時点では判断がつかないものもあるでしょう。

　たとえば、「規制緩和」。これは、自社にとっても他社にとってもチャンスであるといえます。

　このような場合は、OとT両方の欄に書いておきましょう。

●自社の機会と脅威を書き出す

●機会(O:Opportunity)

(例)
・市場が拡大する
・規制が緩和される(自社にとってチャンス)

●脅威(T:Threat)

(例)
・外資系企業が進出してくる
・規制が緩和される(他社にとってチャンス)

44
自社を取り巻く環境から取るべき戦略を導き出す

　内部環境と外部環境を書き終えたら、次は内部環境の「強み (S)」と「弱み (W)」に書いた項目を縦軸に、外部環境の「機会 (O)」と「脅威 (T)」に書いた項目を横軸にそれぞれ書き写して、次ページのようなマトリクスを作成します。

　このマトリクスによって、

①強み―機会（自社に有利）

②強み―脅威（自社に不利）

③弱み―機会（自社に有利）

④弱み―脅威（自社に不利）

　という4つの組み合わせができるはずです。

　このマトリクスを分析することで、あなたの会社が取るべき戦略が見えてきます。

　それぞれ4つの欄から浮かび上がる戦略は、次の通りです。

● SWOT分析のマトリクス

		外部環境	
		機会(O)	脅威(T)
内部環境	強み(S)	①積極的攻勢	②差別化戦略
	弱み(W)	③段階的施策	④専守防衛・撤退

① 「強み―機会」＝積極的攻勢

② 「強み―脅威」＝差別化戦略

③ 「弱み―機会」＝段階的施策

④ 「弱み―脅威」＝専守防衛・撤退

　では、それぞれの欄に何を書くべきか解説しましょう。

① 「強み―機会」＝積極的攻勢

　ここにはビジネスチャンスをつかむために、自社の強
みと機会（自社に有利・チャンス）をどう活用するかと

いう戦略を書き込みます。

　強みと機会があれば、勝つのはある意味当然です。

　大切なのは、ただ勝つのではなく、どれだけ大勝ちできるかということ。

　実際、業績好調の会社は伸びている市場や製品に経営資源を集中させて、より大きな利益に結びつけています。

　ここで有効な戦略が立てられなければ、トップ企業になるのは難しいと言わざるを得ません。

②「強み―脅威」＝差別化戦略

　ここには、自社の強みを使って、脅威（自社に不利）に対抗したり、回避したりするための戦略を記入します。

　自社の強みを生かして脅威に対抗・回避するということは、他社や他業界には簡単に真似できない手段を用いるということです。**そのため、ここには「他社や他業界との差別化戦略」を記入することになります。**

③「弱み―機会」＝段階的施策

　ここまでが攻めの戦略だとしたら、「弱み―機会」と「弱み―脅威」は守りの戦略です。

　「弱み―機会」の欄には、自社の弱みのせいで機会を逃さないための戦略を書き込みます。

　絶好機を生かして利益を上げるためには、弱体化した部分の強化が急務です。しかし、強化している間にチャンスを逃してしまっては意味がありません。

　そこでチャンスを繋ぎ止めておくために、一時的に弱点をカバーできる戦略も立てておく必要があります。

　こんなシーンをイメージすればわかりやすいかもしれません。

　たとえば、骨董市で掘り出し物の壺を見つけたけれど、あいにく手持ちの現金では足りなかったとします。

　そこでとりあえず持っているお金を手付け金として払って予約をしたり、一緒にいる友人にお金を借りて壺を買う。これなら、そのとき全額を持っていなくても、とりあえず壺を手に入れる権利はキープできます。

　このような次の有効打のための一手を、「弱み─機会」から導くのです。

④「弱み─脅威」＝専守防衛・撤退

　この欄には、脅威による被害を最小限にとどめるための戦略を記入します。

　ここでは、撤退という選択肢も含めて考えたほうがいいでしょう。

撤退は不名誉だと考える経営者は多いですが、傷口を広げて社員や取引先にさらに大きな迷惑をかけることのほうがよほど不名誉です。

　ときには勇気ある撤退が必要な場合もあると心得ておきましょう。

　マトリクスの４つの欄に、強みや弱み、機会や脅威を書き込むことによって、今自社が取るべき戦略が見えてきます。

　あなたもさっそく自社の経営戦略にSWOT分析を役立ててください。

45
SWOT分析の効果を高める
3つのポイント

　ここまで、SWOT分析のやり方についてお伝えして
きました。実際にこの手法で分析を行うときに、注意し
たい点が3つあります。

　この3つのポイントに従って分析すれば、SWOT分
析の効果をさらに高めることができます。

①戦略は、1人より大勢で分析する

　SWOT分析は、1人で行うのではなく、なるべく多
くの人の知恵を借りるようにしてください。

　**1人では、内部環境や外部環境要因を見落とす可能性
もあります。ブレインストーミングを行い、できるだけ
多くの意見を出すようにしてください。**

　これによって、1人では気がつかなかった自社の強み
や弱み、自社に有利に働く機会や不利となる脅威も漏れ
なく列挙できるようになります。

　また、決定した戦略を後から伝えられるだけでは、社
員1人ひとりの現状認識や問題意識も希薄になってしま
いますが、分析のプロセスに多くの人が参加することで、

戦略の浸透度が高まります。

②外部環境から戦略を検討する

マトリクスの４つの欄に戦略を書き込む際は、「外部環境」から発想するようにしてください。

たとえば、「低年齢層のユーザーが増え、市場が広がる」という機会と、「新製品の開発力がある」という強みがあったとします。そこから導かれるのは「低年齢層に向けた新製品を開発する」という戦略です。

基本戦略は変わりませんが、内部環境と外部環境のどちらから発想するかで、結果が変わってくるのです。

内部環境から考えると「自社の開発力を生かして、低年齢向け製品を開発する」となります。これでは現状の開発力の範囲で、市場に合う製品を開発するという発想になりがちです。

逆に、外部環境から考えれば「低年齢向けの製品をつくるために、自社の開発力を生かす」となり、機会をつかむために必要な力を伸ばすという発想になります。

外部環境はコントロールできませんが、内部環境は自社の努力で変えられることを忘れてはいけません。

外部環境から戦略を検討することで、会社の実力を強化するためのヒントを得ることができるのです。

③「何をやめるか」を考えるのも戦略の1つ

「弱み―脅威」の欄では、不採算部門などの撤退も視野に入れて戦略を立てるべきだとお伝えしました。

被害を最小限に抑えるためならば、事業計画を中止したり、ときにはリストラを行うこともありえるでしょう。

撤退の目的は、被害を最小限に抑えるためだけではありません。コアコンピタンスを確立・維持するために、むしろ積極的に撤退を決断すべきケースもあるのです。

「コアコンピタンス」とは、企業の中核となる能力や適性のことで、いわば企業が培ってきた他社には真似できないようなオンリーワンの得意技のことです。

ＳＷＯＴ分析によって撤退すべき事業や製品が明確になれば、たとえば、不動産会社ならば、経営の中心を商品企画や設計に集約し、不得意な販売は外部に発注するなど、そこに投入していた経営資源を再編して、コアコンピタンスの確立・維持のために回すことができます。

経営資源の再編は、規模の小さい企業、歴史が浅くノウハウの蓄積がないベンチャー企業ほど有効です。

これらの企業は「人、モノ、金、情報・ノウハウ」といった経営資源がかぎられているため、コアコンピタンスの確立・維持のために投入する経営資源も少なくなり

がちです。

　そこでＳＷＯＴ分析を活用すれば、どの経営資源を引き上げて、どこに投入すればいいのか、そのポイントが見えてくるのです。

　経営戦略を決めようとすると、「まず何をすべきか」ということに目が向きがちです。

　しかし、「まず何をやめるか。そして何を重視するか」が最も重要であり、それに気づかせてくれるのがＳＷＯＴ分析なのです。

46
危機は「CPI問題解決法」で乗り切れ

『孫子』のなかに、こんな言葉があります。

「勝兵は先ず勝ちて而る後に戦いを求め、敗兵は先ず戦いて而る後に勝を求む」

「戦いに勝利するものは、あらかじめ勝つ態勢を用意している。負けるものは、戦いをはじめてから慌てて勝機をつかもうとする」 という意味です。

通常、山を登ろうと思い立ったら、どの山に登るのかを決めて、地図を買い、難易度や自分の体力を考慮しながら慎重にルートを選択するはずです。

もし、なんの準備もせず、目に留まった山に登ろうとする人がいたら、周囲の人はあきれて笑うことでしょう。

しかし、ビジネスの世界には、こんな無謀な登山と同じように、明確な戦略や計画を立てないまま仕事をしている企業が多いのです。

事前の準備が不足し、ルート選定を間違えると、遭難する確率はグッと高まり、場合によっては命を落とすことにもなりかねません。

　企業活動もこれとまったく同じで、正しい戦略策定と計画立案が会社の命運を握っているのです。

　これまでは、個人のインスピレーションや従来のビジネス慣習に従って戦略や計画が決められるケースも多くありました。

　また、巷に数ある戦略策定法や計画立案法は、経営者や特定の計画立案担当者に向けたものが多く、社員が誰でも利用できるものではなかったように思います。

　これでは部署や社員個人ごとに方向性の違う計画が立案される可能性もあります。

　戦略や計画は、論理的かつ普遍的で、誰でも使える汎用性のある方法で策定・立案されなければなりません。

　ここからは、これを実現するための、問題解決と戦略策定の方法を紹介していきます。

　この手法は、私自身が多くの事業再生を行うなかで編み出したものです。

　実際に多くの赤字会社の再生に活用し、成果を上げて

きました。私はこれを**「ＣＰＩ問題解決法」**と呼んでいます。

　ちなみに、「ＣＰＩ」とは、私が代表を務めている「会社力研究所（Corporate Power Institute）」の頭文字をとったものです。

　では、具体的な問題解決と戦略策定の手順を解説していきましょう。

47
問題解決のための
7つのステップ

　「ＣＰＩ問題解決法」では、次の７つのステップで戦略を策定し、計画を立案・実行していきます。

　この７つのステップを踏めば、企業に降りかかるあらゆる問題に対処することが可能になります。

①仮説を立てて、テーマを選定する

②情報を収集する

③問題点と可能性を明らかにする

④目標を設定する

⑤戦略を策定する

⑥実行計画を作成する

⑦計画を実行し、途中経過をフィードバックする

　これだけではピンとこない人も多いことでしょう。

　そこで、「今、主力製品の売上が急激に落ち込んでいる」という状況を想定し、問題発生から計画実行までをＣＰＩ問題解決法の７つのステップにあてはめて解説してみましょう。

①仮説を立てて、テーマを選定する

まず、今起きている現象を確認し、その現象（＝主力製品の売上減）がなぜ起こったのか、考えられる仮説を立てます。

そしてそのなかから、とくに重要だと思われる原因を選び、次のステップである「②情報収集」のためのテーマを決めていきます。

主力製品が不振に陥っている原因としては、「市場が縮小している」「競合他社から新製品が発売された」「営業力が弱い」「広告宣伝活動が弱い」など、さまざまな仮説が成り立ちます。

たとえば、自社の営業力や広告宣伝活動に問題がない場合、テーマとして「市場が縮小している」「競合他社から新製品が発売された」というマーケットの問題が仮説として浮かび上がるはずです。

②情報を収集する

仮説が正しいかどうか事実確認するため、情報を収集します。マーケットの問題として市場の伸びはどうか、自社の主力製品の売上推移はどうか、他社製品のシェアはどうかなど、今後の予測も含めてありとあらゆる情報を集めましょう。

情報収集は、身のまわりのデータでほとんどまかなえます。特殊な調査やヒアリングが必要な情報は１割にすぎず、９割の情報は普段の企業活動のなかで入手できるものばかりです。

　たとえば、売上予測の情報が必要になったとしましょう。売上予測には次の３つの方法があります。

①「市場予測×シェア予測」で導く方法。
②過去の売上トレンドから導く方法（トレンド分析）。
③顧客単位の売上予測を積み上げて導く方法（ビルディングブロック）

　このうち「トレンド分析」は、過去の売上データの推移があれば分析できるし、「ビルディングブロック」も営業担当者が持つデータを集積すれば分析が可能です。

　新たに調査が必要なのは、「市場予測」と「シェア予測」くらいでしょう。

　このように、必要な情報の多くは自社のなかに蓄積されたデータや身のまわりの仕事の結果のなかにあるのです。それらを有効活用したうえで、特殊な調査やヒアリングを効果的に行っていくのが情報収集のポイントになります。

③問題点と可能性を明らかにする

このステップでは、収集した情報に基づき、問題点を明確にします。

たとえば、前のステップで「市場は縮小していない」「自社製品のほうが他社製品より価格が高い」「性能は他社製品のほうが優れている」という事実が判明したとします。

その場合、問題点は市場規模ではなく、「自社製品のほうが高くて、性能も悪い」という点にあることがわかります。

同時に、問題点が改善される可能性についても明確にしましょう。

流通コストはすでに限界まで削っているとすると、価格を下げるには製造コストを抑えるしかありません。

自社に卓越した技術力があるなら、他社製品より高性能な製品を開発することは可能ではありますが……。

このような思考プロセスで問題点と可能性を明確にすることで、その後の戦略策定の精度が上がります。

④目標を設定する

問題点と可能性を整理して、最重要課題を目標に昇華させます。

問題点が多い場合は、この過程で計画立案能力のセンスが問われますが、この例では、前のステップで問題点と可能性がかなり明確になっています。

そのため、「他社の新製品より優れた製品を低価格で市場に導入する」という目標をすんなり設定できます。

⑤戦略を策定する

目標を達成するための戦略を策定します。

ここでは、次の2点が戦略になるはずです。

「優れた製品を開発するために、自社技術を駆使する」

「低価格を実現するために、工場に新工程を導入する」

⑥実行計画を作成する

戦略を具体的な計画に落とし込みます。

計画に、期限や数値目標を盛り込み、社員にとって現実感のある内容にするのです。この例では、

「開発スタッフを2名増やす」

「製品開発は6カ月以内に終える」

「新製品の性能は、事前のモニター使用調査で他社製品より優れていることを証明する」

「工場の新工程で製造コストを10%下げる」

　といった要素を盛り込んで、計画に厚みを持たせてい
きます。

⑦計画を実行し、途中経過をフィードバックする

　具体的な計画ができたら、最後に関係部署に指示を出
して実行させます。

　**スケジュールの遅れや予想外の経営環境の変化など、
途中で計画を変更しなければいけない場合もあるので、
定期的に計画の進捗状況をチェックし、その都度計画に
反映させていきます。**

　計画が頓挫するほど大きな経営環境の変化があったり、
戦略や計画そのものが間違っていた場合は、再び最初の
ステップに戻り、①から戦略・計画を練り直す決断も必
要です。

　計画を忠実に実行する姿勢は大切ですが、計画はあく
までも手段であり、目的ではありません。

　**重要なのは問題を解決することで、そのために計画の
修正が必要ならば、当初の計画に固執せず柔軟に対応し
ていく姿勢が必要になります。**

　いかがでしょうか。
　「ＣＰＩ問題解決法」のおおよその流れはつかんでい

ただけたかと思います。

　わかりやすくするために単純な事例で解説しましたが、この方法を利用すれば、企業活動に関するあらゆる問題に対処できるはずです。

　困難な問題に直面し、解決策が見出せないときは、ぜひこの「ＣＰＩ問題解決法」を活用していただければと思います。

巻末付録

先人に学ぶ
仕事の27訓

48
先人の知恵を借り、
危機を乗り越えろ!

　ここからは、巻末付録として私が大切にしている「仕事訓」を3つ紹介していきます。

　どれも、私が若いころ人から聞いたり、本で読んだりして「おやっとノート」に書き写し、現在でも大切にしているものです。

　最初に紹介する「プロフェッショナルの哲学10カ条」は、残念ながら、どなたに聞いたものなのか不明です。しかし、私のノートにはしっかり書かれており、これまで私の仕事の指針となってきたものです。

　2つめの「セールスマン十訓」は、私のジョンソン時代の先輩にあたる御厨文雄氏が、消費材メーカーであるライオンの社員だったころに編み出したものです。

　彼からこの言葉を聞き、ノートに書き写したことを今でも鮮明に覚えています。

　そして、最後の「7つの人物鑑定基準」は、諸葛孔明

が使っていたとされるものです。私はこれをビジネスで人を動かす際の指針としてきました。

　仕事で厚い壁にぶつかったとき、困難に接し「もうだめかもしれない」とあきらめかけたとき、幾多の危機を乗り越えてきた先人の言葉は、自分を奮い立たせ、もう一度挑戦するためのカンフル剤になります。

　そして、これらを繰り返し読み、頭に刻み込むことで自分の仕事の指針とすることができます。

　ぜひ、あなたも繰り返し読んで自分のものにしてください。

49
プロフェッショナルの哲学10カ条

第1条　プロはひたすら飽くことを知らず基本原則を繰り返す。創造とは繰り返しの中より生まれることを知っているからだ。

第2条　プロはマンネリの克服法を知っている。マンネリは自分で脱するよりほかに方法がないことを、そして自分に対する甘えから生まれることを。

第3条　プロはもうこれでよいという限界を知らない。夢を追い続けるロマンティストである。

第4条　プロはどんな些細なことにも全力で立ち向かう。

第5条　プロは最大の敵が自分であることを知っている。

第6条　プロに慣れはない。常に初心である。初心を忘れ驕るとき、堕落がはじまる。

第7条　プロは常に勘を磨き続ける。

第8条　プロは理論武装を怠らない。

第9条　プロには休息がない。でもゆとりは充分にある。

第10条　プロは孤独である。誰の助けも期待しない。

50
セールスマン十訓

①セールスマンは、企業の代表であるというプライドと
　自信を持つこと。

②セールスマンは、優れたセールスマンである前に良識
　のある優れた社会人であること。

③セールスマンは、常に「イエス」と「ノー」をはっき
　り言える人間であること。

④セールスマンは、いったん約束したことは必ず実行す
　ること。

⑤セールスマンは、おのれを律するに厳しく、他に寛容
　であれ。

⑥セールスマンは、常に相手の立場になって考え、行動
　せよ。

⑦セールスマンは、常に問題を見出すための努力を続け、その問題を解決せよ。

⑧セールスマンは、公私共にゆとりのある生活をすること。

⑨セールスマンは、西洋的な合理性と日本的な義理人情の機微を上手に調和させた行動をとること。

⑩セールスマンは、熟慮断行の精神に徹すること。

51
7つの人物鑑定基準

①｜つの問題について善悪の判断を求め、その志がどこ
　にあるのかを観察する。

②言葉でやり込めてみて、相手の態度がどう変化するか
　を観察する。

③計略について意見を求め、どの程度の知識を持ってい
　るかを観察する。

④困難な事態に対処せしめて、その勇気を観察する。

⑤酒に酔わせてみて、その本性を観察する。とくに酒乱
　はその一事で将帥たる資格はない。

⑥利益でつってみて、その清廉潔白の加減を観察する。

⑦仕事を与えてみて、命じた通りにこなしたかどうかに
　よって、その信頼度を観察する。

おわりに

　私が通っていた小学校に、大野先生という方がいました。
た。
　大野先生は村の資産家の息子で、大学を卒業してすぐ
に私の小学校に赴任してきました。
　私は大野先生から、学問以外にもさまざまなことを教
わりました。
　たとえば、「これからの農業では、ビニールハウスが
用いられるようになる」など、当時の私たちが見たこと
も聞いたこともないような話をたくさんしてくれました。
　その大野先生の言葉で、最も印象に残っているのは、

**「人間は一生が終わるときに、ああ、よかったと思え
るように生きなければならない。そのためには "Step
by Step" の考え方が大切だよ」**

　要するに、何事も「コツコツ」「一歩一歩」取り組み
なさいということです。
　私が小学校を卒業して半世紀以上が経ちますが、今で
もこの言葉は、私の座右の銘になっています。

企業の再建などというと、何か特別なテクニックがあるように思われますが、基本は、一歩一歩すべきことをしていくだけです。

　昔、参画した企業で、物事がなかなか前に進まず、もうどうしようもなくなって、なぜか箱根の塔ノ沢の山寺に登ったことがあります。
　心ここにあらずという感じでフラフラと境内を歩いていると、ご住職が出てきて、「庫裡に上がりなさい。何か書いて差し上げましょう」とおっしゃいました。
　そのとき書いてくださったのは、**「心に塵一つなし」**という言葉でした。
　何かとても納得するところがあって、現場に戻り無心で仕事を進めていくと、「長谷川さんがそこまで言うのならわかった」と事態が好転しはじめました。

　どんな仕事でも、まずはとことんやる。それがなかったらだめ。はじめから「なるようになれ」というのは手抜きでしかありません。
　本当にやり尽くしたうえで一歩一歩無心で取り組めば、どんな難局も乗り越えられる。

これが、50数年におよぶ会社再建人生の実感です。

　コロナ禍によって、今多くの企業が苦境に立たされています。その数は、今後も増えていくことでしょう。

　しかし、社長をはじめ、すべてのビジネスパーソンはこの苦境に正面から立ち向かわなければなりません。

　あきらめたらそこで終わりですが、あきらめることなく、一歩一歩生きるための施策を進めていけば、必ず答えが見つかるはずです。

　人の生き方はさまざまですが、どんな生き方をするにしても夢を持つことが大切です。

　たとえ、厳しい状況に追い込まれても、人間、「どうしてもこうなりたい」と思って"Step by Step"で努力を重ねていけば、必ずそれに近づき、いつかは実現することができるのです。

　　　　　　　　　　　　　　　　　　　　著　者

【著者紹介】

長谷川 和廣（はせがわ・かずひろ）

◉——1939年千葉県生まれ。中央大学経済学部を卒業後、グローバル企業である十條キンバリー、ゼネラルフーズ、ジョンソンなどで、マーケティング、プロダクトマネジメントを担当。その後、ケロッグジャパン、バイエルジャパンなどで要職を歴任。ケロッグ時代には「玄米フレーク」、ジョンソン時代には消臭剤「シャット」などのヒット商品を送り出す。

◉——2000年、株式会社ニコン・エシロールの代表取締役に就任。50億円もの赤字を抱えていた同社を1年目で営業利益を黒字化。2年目に経常利益の黒字化と配当を実現、3年目で無借金経営に導く。これまでに2000社を超える企業の再生事業に参画し、赤字会社の大半を立て直す。現在は会社力研究所代表として、会社再建などを中心に国内外企業の経営相談やセミナーなどを精力的にこなしている。

◉——27歳のときから、経営環境や社会の動向、有益な仕事術、組織運営、生き残り術、部下やクライアントからの相談事とそれに対するアドバイスなどのエッセンスを「おやっとノート」として書き留め始める。この習慣は81歳の現在も続いており、その数は300冊に達する。これをもとにして出版された『社長のノート』シリーズ（小社刊）は累計35万部を超えるベストセラーとなった。

【決定版】
2000社の赤字会社を黒字にした社長のノート final

2020年12月7日　　第1刷発行

著　者——長谷川　和廣
発行者——齊藤　龍男
発行所——株式会社かんき出版
　　　　　東京都千代田区麴町4-1-4 西脇ビル　〒102-0083
　　　　　電話　営業部：03(3262)8011代）　編集部：03(3262)8012代）
　　　　　FAX　03(3234)4421　　　　　振替　00100-2-62304
　　　　　https://kanki-pub.co.jp/

印刷所——ベクトル印刷株式会社